（试用本）

中职医用汉语

ZHONGZHI　YIYONG　HANYU

教学参考书

总主编：姜丽萍

编　者：（按姓氏笔画排序）

王巧燕　王　磊　乌凤兰　刘丽萍

刘国艳　杜建鑫　李东芳　胡　波

韩秀梅

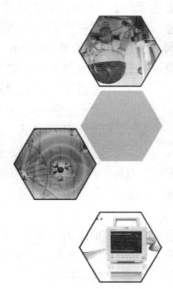

北京语言大学出版社
BEIJING LANGUAGE AND CULTURE
UNIVERSITY PRESS

图书在版编目（CIP）数据

中职医用汉语．教学参考书 / 姜丽萍主编；王巧燕等编著．— 北京：
北京语言大学出版社，2012.9

ISBN 978-7-5619-3373-2/H·12160

Ⅰ．①中… Ⅱ．①姜… ②王… Ⅲ．①医学—汉语—中等专业学校—
教学参考资料 Ⅳ．① H19

中国版本图书馆 CIP 数据核字（2012）第 214001 号

书　　　名：	中职医用汉语：教学参考书	
责任编辑：	金季涛	
封面制作：	冯志才	
责任印制：	姜正周	

出版发行：**北京语言大学出版社**

社　　址：北京市海淀区学院路 15 号　　　邮政编码：100083

网　　址：www.blcup.com

电　　话：发行部　010-82303650 / 3591 / 3651
　　　　　　编辑部　010-82303390
　　　　　　读者服务部　010-82303653 / 3908
　　　　　　网上订购电话　010-82303668
　　　　　　客户服务信箱　service@blcup.com

印　　刷：北京东海印刷有限公司

经　　销：全国新华书店

版　　次：2012 年 9 月第 1 版　　2012 年 9 月第 1 次印刷

开　　本：787 毫米 ×1092 毫米　1/16　印张：18.25

字　　数：416 千字

书　　号：ISBN 978-7-5619-3373-2/H·12160

定　　价：42.00 元

凡有印装质量问题，本社负责调换。电话：010-82303590

前　言

　　汉语是少数民族地区中等职业技术教育的重要组成部分,是少数民族地区培养民汉兼通人才的重要途径。目前新疆地区有中等职业卫生学校(简称"卫校")14 所,每年大概招收少数民族学生一万多人,他们要通过一年的汉语和医学专业汉语的学习,直接升入用汉语授课的二、三年级医学专业学习,因此第一年的医学专业汉语基础显得尤为重要。但是目前可供各卫校选择的"医用汉语"教材品种有限,且用时久远,因此编写一套全新的"医用汉语"教材迫在眉睫,以满足新疆等地少数民族中职、高职卫校及大学预科医学专业师生的迫切需要。

　　2009 年 3 月北京语言大学出版社启动了《中职医用汉语》系列教材项目,该套教材以提高母语非汉语的各少数民族学生的汉语能力和医学知识为主要目标,通过学习和运用必要的语言知识,全面培养学生的汉语听说读写技能,并通过一年的学习,使学生可以实现用汉语学习职业卫校专业医学知识的学习要求,并达到 HSK5 级(MHK3 乙)以上的水平。《中职医用汉语》(维文版)教材的主要特色如下:

　　一、本套教材是专为新疆中等职业卫生学校一年级学生编写的《医用汉语》系列教材。它从新疆少数民族中等职业教育的培养目标出发,遵循第二语言的学习和教学规律,借鉴对外汉语教学的理论和经验,总结新疆少数民族汉语教学以及教材编写的经验,按照新疆中等职业卫生学校汉语教学短期强化的特点进行编写。

　　二、本套教材是按分技能训练模式编写的系列组合教材。主干和核心是精读(综合)教材,根据学生的汉语水平和教学目标分为四册,一、二册为《医用汉语》基础篇(上、下);三、四册为《医用汉语》提高篇(上、下),可使用一学年。围绕每册精读课教材,还编写与之配套的听说、读写教材,作为主干教材的辅助课程教材,用以巩固主干课所掌握的汉语知识和医学知识,并分别培养学生听力理解、口头表达、阅读理解和书面表达能力。其中,听说、阅读、专业词汇教材之间既注重教学目的和语言项目的分工的不同,又兼顾语言知识和语言能力训练的综合与联系。具体构成见下图:

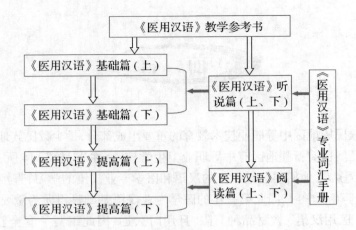

三、本套教材把汉语知识和医学知识有机地结合在了一起。

1. "基础篇"注重汉语知识的系统性,但是在内容上由生活汉语逐渐过渡到科普汉语、医学汉语,将汉语知识和医学常识的学习有机地结合在一起。

2. "提高篇"注重医学知识的系统性,但并不是照搬医学知识和术语,而是在强调医学知识系统性和科学性的前提下,在课文编写中尽量融入故事和案例,使医学知识和实际病例相结合,增加了课文的情节性、生动性、趣味性和可读性,使学生有兴趣学下去。

3. 为了使学生习得医学知识的过程呈现螺旋式上升和多次复现,我们在"听说篇"和"阅读篇"里有意识地增加了相关知识的内容链接,补充和深化了"基础篇"和"提高篇"的内容。

4. 专业词汇手册包括两部分,一部分是对精读课中涉及的专业词汇进行系统讲解,另一部分是在此基础上进一步扩展了一些必要的专业词汇,以扩大学生的专业词汇量。

5. 练习设计科学合理,符合第二语言习得规律:练习采取明暗两条线索,明线以应用型练习为主,通过大量交际性练习、案例分析,培养学生的实际语言运用能力;暗线以 HSK 和 MHK 题型为主要练习形式,使学生在做练习的过程中,不知不觉地熟悉 HSK 和 MHK 的考试形式,从而减少专门的应试训练,做到有的放矢。练习形式丰富、有效,不仅有知识性练习,还有很多实用性、任务型练习,以及 HSK 和 MHK 练习等。

6. 医学知识的选择力求新颖、实用、科学、严谨。尽量把医学领域最新的研究成果、最前沿的科研动态深入浅出地反映在教材课文中,同时针对职业卫校学生的特点,以护理、检验、药学、卫生保健为主,兼涉解析、生化和口腔等专业内容,有针对性地进行相关知识的教学。

7. 各册教材相互配合,统筹安排,旨在培养学生汉语听说读写综合能力全面发展。

四、本套教材充分考虑到了学生的年龄特征,卫校学生刚刚初中毕业(一部分是高中毕业),正是长身体、长知识的年龄,因此在教材内容安排上,除了医学知识以外,教材还加入了青春期教育、情感教育、道德教育等方面的内容,扩大学生的知识面,开阔学生的视野,提高学生的素质。

五、本套教材在使用上有较大的灵活性,精读教材可以适应各地区卫校中不同程度的学生。既考虑到新疆广大农牧区中职学生目前的实际汉语水平(HSK3 级或 MHK2 乙以下),

也考虑到今后汉语教学快速发展学生水平提高的前景(接近 HSK11 级或 MHK4 甲),具有较强的针对性和前瞻性。

六、本套教材从方便教师备课和学生自学的角度考虑,为精读课、听说课和阅读课专门配备了教师用书和教学课件。教师用书反映了编者的编写意图,并提供给教师教学所需要的参考资料;教学课件突出了多媒体声像图相结合的特点,为教师上课、学生自学提供了丰富的教学资源。因此本套教材也是一套配套完整的立体化的教材。

我们希望本套教材能够"好教、易学",真正使教与学达到有效。

本套教材是多方努力的结晶:编写队伍是由北京多所高校对外汉语教师和新疆几大卫校的汉语教师组合而成的,充分实现了以汉语作为第二语言教学的科学性和新疆各地卫校医用汉语教学实践的针对性的有机结合;编写教师各尽其责,并在规定的时间内保质保量完成任务;教材编审委员会的审稿专家都是各专业的学科带头人,既有各个专业的医学专家,也有对外汉语教学专家,他们高屋建瓴,严格把关,使本套教材在语言教学和专业教学方面的科学性都有了可靠的保障;此外,北京语言大学出版社也对本套教材给予了大力支持,教材完成样课后,出版社就安排作者前往新疆各地卫校试讲,通过信息反馈,编者及时调整了教材的结构和内容,使本套教材更加完善。最后还要感谢北京语言大学出版社的戚德祥社长,本套教材的策划者和积极推动者侯明老师、张程老师,以及责任编辑王远、金季涛、潘虎三位老师,他们的大力支持和辛勤工作都是本套教材得以顺利出版的重要因素。

姜丽萍

使用说明

　　本书供使用《中职医用汉语》系列教材的教师进行参考,该书为每一册教材提供了样课教案和练习参考答案。

　　本书分为两大部分:

　　第一部分是"样课教案",包括以下几项内容:

一、教学目标

　　教学目标是教与学达到的终点。教学参考书中的目标阐释注重词语、语法、课文、听说读写综合能力以及医学知识的具体描述,既具有教学的引领性,又具有操作性和检验性,便于教师和学生逐级达到。

　　由于每册教材只提供一篇教案,该教案具有典型性,希望广大教师据此参考,进行教学,整册教材的教学目标基本一致。

二、教学内容

　　具体指出了每课的具体讲授内容,包括:多少个生词、语言点、课文和练习,使教师做到心中有数。

三、教学重点和难点

　　为了帮助教师有效地进行教学,每课确定了教学重点和难点。所谓重点是本课中学生必须掌握的内容,所谓难点是学生已有知识和要达到的目标之间差距较大的内容和部分。

四、教学方法

　　它是教师进行教学的依据,为了使教师能快速有效地教学,我们对一课的每一部分都提供了具体的操作方法,教师依此教学,方便、快捷、有效。具体包括:

　　1. 教学顺序:按照"生词—语法—课文—练习"的顺序,循序渐进。从解题开始,引出新课内容。

　　2. 教学用具:根据每课的内容进行准备。

　　3. 教学活动:设计互动形式的小组活动,充分展示学生的主体性和积极性。

　　4. 讲练结合,精讲多练。

五、教具

　　指每课的具体教学用具和手段。因本套教材涉及大量医学内容,建议教师借助医学图片、挂图、多媒体等直观手段帮助学生快速理解所学的内容。

六、课时安排和教学步骤

　　教学参考书以表格的形式设计了每课采用的总课时,以及每一课时的具体步骤。教师可根据课型、学生的汉语水平延长或缩短课时。总体教学步骤分为:

　　1. 复习旧课

　　2. 新课学习

3. 练习和小结

4. 课后作业

第二部分为"练习参考答案",为每册书每一课的课后练习提供了参考答案,供师生参考。

教学参考书是各分册主编和编者多年教学经验的提升和总结,我们把最有效的方法、步骤、手段和技巧,根据每课的课型特点、需要达成的目标,进行了有机的整合,形成了一套有较强的操作性的教学模式,对教师备课、上课具有一定的参考价值。但是,教师仍需钻研教材,根据自己的实际进行备课,这样才能更有效地进行教学。

"教学有法,教无定法",教学是有规律可循的,但是教学永远处在动态之中,我们希望每个教师在遵循教学规律的前提下,上出具有个性特点的教学风格来。

姜丽萍

目　录

第一部分　样课教案

第二部分　练习参考答案

样课教案

第十九课
姐姐比我漂亮

一、教学目标

1. 学生通过本课学习,重点掌握"比"字句。掌握"比"字句的结构特点和规律,能够正确运用"比"字句表达意思。同时掌握"比"字句的否定式和疑问式的结构特点及它们的语义特征。

2. 学生能够掌握数量词"俩"的用法;掌握形容词"差不多"、"可惜"、"一般"及短语"看样子"的语义和用法。

二、教学内容

1. 39 个生词

2. 五个语言点:(1)A 比 B+ 形容词 / 动词

（2）A 比 B+ 形容词 / 动词 + 一点儿 / 一些 / 得多 / 多了

（3）A 比 B+ 形容词 / 动词 + 数量补语

（4）"比"字句的否定式

（5）"比"字句的疑问式

3. 课文

4. 练习

三、教学重点

1. 8 个词语重点:结婚、看样子、俩、差不多、显得、可惜、以来、一般

2. 3 个语法重点:"比"字句、"比"字句的否定式、"比"字句的疑问式

四、教学方法

1. 课堂教学按照"生词—语法—课文—练习"的顺序,循序渐进。

2. 使用图片、实物及计算机多媒体等教学辅助手段。

3. 讲练结合,精讲多练。

五、教具

实物、图片、多媒体

六、课时安排

全课共 2 课时,每课时 50 分钟。

教学内容及时间 课时	复习旧课	学习新课	练习和小结	布置作业
	20 分钟	75 分钟		5 分钟
第一课时	听写生词 背诵课文 检查作业	处理课文一生词 讲解课文一	复述课文	
第二课时		语法讲解和操练 处理课文二生词 讲解课文二	语言点操练 复述课文 小结	书面作业 口头作业 任务

七、教学步骤

(一)复习环节(20 分钟)

1. 听写第十八课的生词和重点句子。

2. 请学生背诵课文。

3. 检查课后作业,并给出正确答案。

(二)学习新课

课文一 姐姐比我漂亮

1. 读生词(5 分钟)

教师可采用领读、齐读、个别读的方法。

2. 重点生词处理(扩展或造句)(10 分钟)

◎ 比:哥哥 18 岁,弟弟 15 岁。哥哥比弟弟大 3 岁。

　　　　今天 30 度,昨天 25 度。今天比昨天热。

◎ 封:一封信

◎ 信封:一个信封

◎ 照片(图片):一张照片　拍照片　洗照片

◎ 结婚:结婚十年了　姐姐和姐夫结婚十年了

◎ 高:个子高　楼很高

◎ 看样子(图片):看样子,今天要下雨。

　　　　　　　　看样子,他有点儿不舒服。

◎ 成熟(图片):虽然他只有 16 岁,但是看起来很成熟。

　　　　　　　秋天是成熟的季节。

◎ 俩：意思是两个，一般用于人数的表达，且后边不能再使用其他量词。如：我们俩、
   他俩。

◎ 差不多：我18岁，他19岁。我们俩的年龄差不多。
          今天30度，昨天29度。今天的温度和昨天差不多。

◎ 显得（图片）：你穿黑色的衣服显得有点儿老。
              房间里的东西很少，所以显得比较大。

◎ 幸福：幸福的新娘　生活很幸福

◎ 可惜：这么新的衣服就扔了，太可惜了吧？
        真想和朋友们一起去旅行，可惜没有时间。

◎ 表现：妈妈想知道孩子在学校的表现。
        这么好的机会，你一定要好好儿表现表现。

3. 课文处理（15分钟）

（1）教师领读课文，学生齐读、分角色读课文。

（2）就课文内容，教师给出下列问题：

● 谁给巴哈尔写的信？

● 照片上的人是谁？

● 热娜觉得巴哈尔的姐姐漂亮吗？

● 巴哈尔的姐姐为什么要给她写信？

● 巴哈尔的姐姐和姐夫是怎么认识的？

● 巴哈尔的姐姐现在每天在忙什么呢？

● 关于巴哈尔的姐姐和姐夫，你都了解了哪些情况？

● 你觉得巴哈尔在婚礼上会如何表现？

（3）教师引导学生逐一回答问题。对课文中比较难的句子，教师要作详细解释。

（4）教师给出提示词语和句子，带领学生串说课文两遍，请学生分角色复述课文。

语　法

1. "比"字句（10分钟）

导入：教师可借助实物或者图片导入此语法点。

◎ 热娜高还是巴哈尔高？／热娜比巴哈尔高。

◎ 这件红毛衣贵还是那件蓝毛衣贵？／这件红毛衣比那件蓝毛衣贵。

操练：教师可利用实物或者图片让学生先说，教师再带领学生齐说。

◎ 他的年龄比我大。

◎ 哥哥结婚比姐姐早。

◎ 你比我胖多了。

句式：

A	比	B	形容词 / 动词(＋宾语 / 补语)
你的发音	比	我	好。
这件衣服	比	那件	贵。
我	比	他	喜欢音乐。
他们班	比	我们班	学习更努力。

A	比	B	形容词/动词(＋宾语/补语)	一点儿 / 一些 / 得多 / 多了
你的发音	比	我	好	一点儿。
这件衣服	比	那件	贵	得多。
姐夫	比	姐姐	显得成熟	多了。
他们班	比	我们班	学习更努力	一些。

A	比	B	形容词	数量补语
他的汉语口语考试成绩	比	我	高	10 分。
哥哥	比	弟弟	大	5 岁。
这件衣服	比	那件	贵	50 块钱。

练习：根据提示，用"比"字句完成句子

◎ 我家有 5 口人，张明家有 3 口人。

_____

◎ 这件衣服 200 元，那件衣服 50 元。

_____

◎ 哥哥 19 岁，姐姐 25 岁。

_____

◎ 热娜的口语考试得了 78 分，巴哈尔得了 80 分。

_____

2. "比"字句的否定式(5 分钟)

A	不比	B	形容词 / 动词(＋补语)
你的汉语	不比	他	好。
姐夫	不比	姐姐	大。
这家医院	不比	那家	好。
我	不比	巴哈尔	跑得慢。

A	没有	B	这么 / 那么 + 形容词 / 动词(+ 宾语)
我的汉语	没有	他	那么好。
我	没有	弟弟	那么喜欢运动。
他的宿舍	没有	我的宿舍	这么干净。

提醒学生：否定式"A 不比 B……"的意思是"A 跟 B 差不多"。

例如：我不比热娜大。意思是：我跟热娜的年龄差不多。

练习：根据提示，用"不比"或"没有"完成句子

◎ 红毛衣 150 元，蓝毛衣也是 150 元。

_____

◎ 我的语法考试得了 90 分，热娜得了 85 分。

_____

◎ 我来新疆 6 个月了，他才来 3 个月。

_____

3. "比"字句的疑问式（5 分钟）

A	比	B	形容词 / 动词(+ 宾语 / 补语)	吗？
你的汉语	比	他	好	吗？
姐夫	比	姐姐	大	吗？
这家医院	比	那家	好	吗？
热娜	比	巴哈尔	学习更努力	吗？

A	有	B	这么 / 那么 + 形容词 / 动词(+ 宾语)	吗？
你的汉语	有	他	那么好	吗？
你的口语成绩	有	你的同屋	那么好	吗？
你	有	热娜	那么喜欢学习汉语	吗？

提醒学生："A 有 B 这么 / 那么……"常用于问句中，否定式用"A 没有 B 这么 / 那么……"。

练习：快速回答问题

◎ 今天比昨天热吗？

_____

◎ 汉语有英语那么难吗？

_____

◎ 你的爸爸比妈妈显得年轻吗？

_____

◎ 新疆的夏天有北京那么热吗?

课文二 为什么男人比女人高

1. 读生词(5分钟)

教师可采用领读、齐读、个别读的方法。

2. 重点生词处理(5分钟)

◎ 以来(不单独使用):两个月以来 一年以来 中学毕业以来 结婚以来

◎ 资料:查资料 看资料 找资料

◎ 短:短头发 短裤 衣服有点儿短

◎ 矮:矮个子 矮桌子 楼房有点儿矮

◎ 关键:关键问题 关键人物 关键是时间问题

◎ 一般:这件衣服看样子很一般。 我的学习成绩很一般。

　　　　我一般晚上十点睡觉,早上六点起床。

◎ 条件:学习条件 生活条件 结婚需要哪些条件

◎ 影响:天天玩儿游戏对学习的影响很大。

3. 课文处理(15分钟)

(1)教师领读课文,学生齐读、分角色读课文。

(2)就课文内容,教师给出下列问题:

● 为什么大多数男人都比女人高?

● 一个人的高矮,关键问题是什么?

● 为什么男的下肢骨骼比女的长?

● 除了遗传以外,还有什么对身高有影响?

● "多吃"对身高有效果吗?

(3)教师引导学生逐一回答问题。对课文中比较难的句子,教师要作详细解释。

(4)教师给出提示词语和句子,带领学生串说课文两遍,请学生分角色复述课文。

(三)布置作业(5分钟)

(1)作业:

书面作业:第120页到123页,二至十题写在书上。

口头作业:熟读课文三遍,并能背诵课文。

预习作业:预习第二十课的生词。

(2)任务:

用"比"字句、"比"字句的否定式和疑问式各造两个句子,写在作业本上。

第三十一课
你看得懂处方吗

一、教学目标

1. 学生通过本课学习,重点掌握可能补语和疑问代词的引申用法。能够正确运用可能补语的句式,熟练掌握可能补语的两种疑问句形式。掌握疑问代词的两种引申用法的语义特征。

2. 学生能够掌握关联词"只有……才……"的用法;掌握动词"惯"、"添",兼类词"麻烦"及形容词"拿手"语义和用法。

二、教学内容

1. 41 个生词

2. 三个语言点:(1)可能补语(一)
　　　　　　　 (2)疑问代词的引申用法
　　　　　　　 (3)只有……才……

3. 课文

4. 练习

三、教学重点

1. 9 个词语重点:惯、添、麻烦、拿手、半天、后果、族、入、方式

2. 3 个语法重点:可能补语、疑问代词的任指和虚指、只有……才……

四、教学方法

1. 课堂教学按照"生词—语法—课文—练习"的顺序,循序渐进。

2. 使用图片、实物及计算机多媒体等教学辅助手段。

3. 讲练结合,精讲多练。

五、教具

实物、图片、多媒体

六、课时安排

全课共 3 课时,每课时 50 分钟。

课时 ＼ 教学内容及时间	复习旧课	学习新课	练习和小结	布置作业
	20 分钟	125 分钟		5 分钟
第一课时	听写生词 背诵课文 检查作业	处理课文一生词 讲解课文一	复述课文	
第二课时		语法讲解和操练 处理课文二生词	语言点操练	
第三课时		讲解课文二	复述课文 小结	书面作业 口头作业 任务

七、教学步骤

(一)复习环节(20 分钟)

1. 听写第三十课的生词和重点句子。

2. 请学生背诵课文中的重点段。

3. 检查课后作业,并给出正确答案。

(二)学习新课

课文一　你看得懂处方吗

1. 读生词(5 分钟)

教师可采用领读、齐读、个别读的方法。

2. 重点生词处理(20 分钟)

◎ 处方:(图片)医生开处方　处方药

◎ 遇见:(和"遇到"的区别。复习结果补语"见"和"到"的差别。)

◎ 惯:以前住在家里,现在住校了。你在学校住得惯吗?

以前每天吃妈妈做的饭,现在吃食堂的饭。你吃得惯食堂的饭吗?

说说你在学校的生活哪些方面习惯,哪些方面不习惯。

◎ 添:妈妈又生了一个小弟弟。我们家又添了一口人。

米饭吃完了。我想再添点儿。

◎ 麻烦:自己能做的事情就不要麻烦别人。(动词)

自己做饭太麻烦了,还是去食堂吃吧。(形容词)

最近我遇到一点儿小麻烦,你能帮我一下吗?(名词)

◎ 拿手:我最拿手的体育项目是长跑。

土豆烧牛肉可是我的拿手菜。

◎ 半天:我等了你半天了。

这道题我想了半天,也没有做出来。

◎ 上面:(把学过的方位词都复习一下)

桌子上面/上边　电视上面/上边

◎ 后果:你知道考试作弊的后果有多严重吗?

酒后驾车会带来严重的后果。

(注意区别"后果"和"结果")

3. 课文处理(25分钟)

(1)教师领读课文,学生齐读、分角色读课文。

(2)就课文内容,教师给出下列问题:

● 古丽和巴哈尔在新学校住得惯吗?

● 王阿姨为什么邀请古丽和巴哈尔?

● 王阿姨想请古丽她们帮什么忙?

● 王阿姨最近的身体情况怎么样?

● 王阿姨为什么不在医院买药,而要去药店买药?

● 药店为什么没有卖给王阿姨药?

● 古丽和巴哈尔为什么也看不懂处方上的药名?

● 要是药房的医生看错了处方,那会有什么后果?

● 请你说说医生写处方时应该注意哪方面的问题。

(3)教师带领学生串说课文。对课文中比较难的句子,教师要作详细解释。

(4)教师给出提示词语,带领学生串说课文两遍,请学生分角色复述课文。

(5)教师摘出课文中的重点句子,请学生逐句背说。

语　法

1. 可能补语(15分钟)

导入:教师采用提问式导入语法。

◎ 你每天吃两个苹果,妈妈今天给了你五个苹果。你能吃完吗?

我吃不完这么多苹果。

◎ 老师今天讲的语法很难,你能听懂吗?

这么难的语法,我听不懂。

操练:教师可利用实物或者图片让学生先说,教师再带领学生齐说。

◎ 这些汉字写得太潦草,我看不懂。

◎ 黑板上的字太小了,我们看不清楚。

◎ 妈妈做了很多好吃的菜,你们<u>吃得完吃不完</u>?

句式(一):动词/形容词＋得/不＋结果补语/趋向补语

◎ 这么多饺子,你一个人吃得完吗?

◎ 天太黑了,看不清楚四周的东西。

◎ 这么高的山,我们可爬不上去。

注意:可能补语后边可以带宾语,也可以把宾语放在主语前边。例如:

◎ 我修不好这辆自行车。/ 这辆自行车我修不好。

◎ 我听得懂今天的语法。/ 今天的语法我听得懂。

句式(二):可能补语的疑问形式

一种是句末用"吗";另一种是"肯定式＋否定式"。例如:

◎ 这么多钱,你一个人花得完吗?

◎ 这座山太高了,我们爬得上去吗?

◎ 他的病这么严重,治得好治不好?

◎ 这么脏的衣服,你洗得干净洗不干净?

练习:根据提示,用可能补语回答下列问题

◎ 处方上的字太潦草了,病人能看懂吗?

_____

◎ 满满一大杯牛奶,我能喝完,你呢?

_____

◎ 他说话的声音太小了,大家能听见吗?

_____

◎ 雨下得太大了,同学们能走回家去吗?

_____

2. 疑问代词的引申用法(15 分钟)

(1)疑问代词的任指

导入:教师用举例的方法导入语法点。

◎ 你生病了,苹果不想吃,米饭不想吃,肉也不想吃,所有的东西都不想吃。
<u>我生病了,什么东西都不想吃。</u>

◎ 雨太大了,商场不能去,公园不能去,所有的地方都不能去了。
<u>雨太大了,我们哪儿也不能去了。</u>

◎ 如果你有很多钱,你想去哪儿旅行?
<u>如果我有很多钱,我想去哪儿旅行就去哪儿旅行。</u>

操练:利用图片或多媒体引导学生说句子。

◎ (图片)孩子生病了
<u>他生病了,什么东西都不想吃。</u>

◎ (图片)腿受伤了
<u>他的腿受伤了,哪儿也不能去了。</u>

◎（图片）带着很多钱去超市买东西

  我想买什么就买什么。

用法：疑问代词的任指有两种情况：

一是用疑问代词表示任何人或者事物，句中常与"都"和"也"搭配使用。例如：

  ◎ 你们什么时候来我家吃饭都可以。（什么时候＝任何时候）

  ◎ 我今天太累了，哪儿也不想去了。（哪儿＝任何地方）

  ◎ 他想做什么，谁也不知道。（谁＝任何人）

二是在句中用两个相同的疑问代词，前后呼应。前一个疑问代词是任指的，后一个疑问代词与前一个疑问代词指称相同的人或事物。前后两个分句或两个短语之间常用"就"连接。例如：

  ◎ 哪个苹果好吃，我就吃哪个。

  ◎ 如果我有很多钱，我想去什么地方旅行就去什么地方旅行。

  ◎ 明天晚上的联欢会大家自愿参加，谁想去谁就去。

练习：根据提示，用括号中的词语完成句子

  ◎ 我的胃有点儿不舒服，＿＿＿＿＿＿＿＿＿。（什么）

  ◎ 这首歌太难听了，＿＿＿＿＿＿＿＿＿。（谁）

  ◎ 我刚开始学习汉语，＿＿＿＿＿＿＿＿＿。（什么）

（2）疑问代词的虚指

导入：教师用举例的方法导入语法点。

  ◎ 这个人我见过，可是忘记在哪儿见过他了。

  我好像在什么地方见过他。

  ◎ 我想请朋友吃饭，但是不知道他什么时候有空。

  你什么时候有空，我请你吃饭吧。

操练：回答教师的问题。

  ◎ 教室真干净啊，有人打扫过吗？

  这个教室好像谁打扫过。

  ◎ 朋友帮了你的忙，你想请他吃一顿饭。

  你哪天有空儿，我请你吃饭吧。

用法：疑问代词的虚指：

疑问代词也可以用来表示不知道、说不出来或者不需要说明的人或事物。例如：

  ◎ 这个人我好像在哪儿见过。

  ◎ 我忘记这句话是谁说的了。

  ◎ 什么时候有空儿我们一起去爬山吧。

练习：根据提示，用括号中的词语完成句子

  ◎ 我忘记他的名字了，＿＿＿＿＿＿＿＿。（在哪儿）

  ◎ 最近我比较忙，＿＿＿＿＿＿＿＿＿。（什么时候）

  ◎ 桌子上的那瓶水不见了，＿＿＿＿＿＿＿＿。（谁）

3. 只有……才……（5分钟）

"只有"表示唯一的条件,后面多用副词"才"呼应,引出结果。常在条件复句中使用。
例如:

◎ 只有努力学习,才能取得好成绩。

◎ 只有按时吃药,你的病才能好得快。

◎ 只有学好外语,才能出国去留学。

课文二　住院也不是一件容易的事

1. 读生词（5分钟）

教师可采用领读、齐读、个别读的方法。

2. 重点生词处理（15分钟）

◎ 属于:土地属于国家。　图书馆的书属于学校。

◎ 族:单身族　健康族　贵族　上班族

◎ 办理:办理住院手续　办理入学手续

◎ 入:入院　入学　入校　入团　入党

◎ 程序:电脑程序　法律程序　操作程序

◎ 足够:足够的时间　足够的现金　足够的准备

◎ 押金:入院押金　交押金　押金条

◎ 用具:洗漱用具　学习用具　体育用具

◎ 联系:中学毕业以后,他们再也没有联系过。
　　　　有空儿要多联系啊。

◎ 方式:联系方式　锻炼方式　解决问题的方式

◎ 领取:领取证书　领取通知　领取奖金

3. 课文处理（20分钟）

（1）教师领读课文,学生齐读、分角色读课文。

（2）就课文内容,教师给出下列问题:

● 什么是健康族?

● 医生为什么建议我父亲住院?

● 大家为什么累得精疲力尽?

● 病情比较严重的病人在去医院之前,应该作好哪些准备?

● 病人到医院后还要做些什么事情才能真正成为住院病人?

（3）教师引导学生逐一回答问题。对课文中比较难的句子,教师要作详细解释。

（4）教师给出提示词语,带领学生串说课文两遍,请学生分角色复述课文。

（5）教师摘出课文中的重点句子,请学生逐句背说。

（三）布置作业（5分钟）

1. 作业：

书面作业：第 39 页到 42 页，二至十题写在书上。

口头作业：熟读课文三遍，并能背诵课文。

预习作业：预习第三十二课的生词。

2. 任务：

将住院前要准备的东西及住院程序写一个简单的介绍。

第一课
奇妙的人体

一、教学目标

1.准确理解并掌握本课出现的 9 个重点生词;能顺利完成课后练习三、四、五。

2.准确理解并运用 6 个语言点;能顺利完成课后练习六、七。

3.了解细胞、组织、器官、系统等医学概念及人体是如何构成的,能相对完整地复述课文;能顺利完成课后练习一、八。

二、教学内容

1.62 个生词

2.6 个语言点:（1）由……组成 / 构成

（2）而（表转折）

（3）……,同时……

（4）根据

（5）之一

（6）把 A 比作 B

3.课文

4.练习

三、教学重点及难点

1.9 个重点生词:构成、基本、一成不变、执行、连接、修复、行使、吸收、维持

2.2 个重要语言点:而（表转折）、根据

四、教学方法

1.课堂教学按照"生词—语法—课文—练习"的顺序,循序渐进。从解题开始,引出新课内容。

2.辅助使用图片、计算机多媒体教学。

3.设计互动形式的小组活动,充分发挥学生的主体性和积极性。

4.讲练结合,精讲多练。

五、教具

图片、多媒体动画

六、课时安排

全课共 6 课时，每课时 45 分钟。

教学内容及时间 课时	导入 8分钟	讲解 40分钟	练习或小结 40分钟	布置作业 2分钟
第一、二课时	• 新课导入	• 生词 1~30 讲解 • 讲解语言点：由……组成/构成、而（表转折）、……，同时…… • 讲解课文第 1~3 段	• 生词练习 • 语言点练习 • 课文复述 • 语言点和课文小结	• 复习掌握生词 1~30 • 做课后练习第七题 1~4
第三、四课时	• 听写生词 1~30 • 复述课文第 1~3 段	• 生词 31~62 讲解 • 讲解语言点：根据、之一 • 讲解课文第 4~5 段	• 生词练习 • 语言点练习 • 小组讨论 • 课文复述 • 语言点和课文小结	• 复习掌握生词 31~62 • 做课后练习第六题 • 做课后练习第七题 5~7
第五、六课时	• 听写生词 31~62 • 复述课文第 4~5 段	• 讲解语言点：把 A 比作 B • 讲解课文第 6~7 段 • 处理课后练习（第九题阅读理解除外）	• 语言点练习 • 课文复述 • 课文和练习疑难小结	• 预习第二课生词 1~37 • 做课后练习第九题阅读理解

七、教学步骤

第一讲

（第一、二课时,共90分钟）

（一）导入

我们每天都会看到各种各样的人,你们知道人体是如何构成的吗?（用多媒体动画依次展示出细胞、组织、器官、系统、人体的图片）今天就让我们一起来了解一下奇妙的人体吧。

（二）学习生词1~30

1. 教师领读生词,学生单个读、纠音。

2. 图示医学名词:卵细胞、淋巴细胞、细胞膜、细胞质、细胞核、细胞间质、上皮组织、结缔组织、肌肉组织、神经组织。

3. 重点生词讲解及扩展

◎ 构成:构成人体　构成生命　构成一个单元

　　　　妇科和产科构成了这家医院的妇产科门诊。

◎ 基本
- 基本+名词:基本要求　基本内容　基本词汇
　　　　　　细胞是构成生命的基本单位。
- 基本+动词:基本完成　基本合格　基本答应
　　　　　　院长已基本同意他来这家医院工作了。

◎ 一成不变:人体内的细胞不是一成不变的。

　　　　　　他的生活一成不变,每天都是教室、食堂、宿舍,三点一线。

◎ 执行:执行命令　执行任务　执行政策

　　　　细胞必须依靠组织和器官才能执行自己的功能。

4. 看PPT,完成生词练习。

> 生词练习:
> （1）我们的工作并不是＿＿＿＿＿的,对不同的病人要用不同的护理方法。（一成不变）
> （2）病房的值班护士要严格＿＿＿＿＿医嘱,按时给病人查床。（执行）
> （3）细胞膜、细胞质、细胞核三个部分一起＿＿＿＿＿了细胞。（构成）
> （4）他的身体已经＿＿＿＿＿康复,可以出院了。（基本）

5. 看PPT,学生认读生词。

（三）学习课文1~3段

1. 领读课文;学生单个读;纠音。

2. 提问,疏通文意。

（1）构成生命的基本单位是什么?

（2）人的肌体是由什么组成的?

（3）人体最大的细胞是什么细胞？

（4）细胞是由什么组成的？

（5）细胞的基本结构包括哪几部分？

3. 讲解语言点。

● 由……组成／构成

这是一个固定格式，其中"由"是介词，引出组成或构成事物的成分、材料或方式。例如：

（1）这列火车由二十节车厢组成。

（2）骨骼是由不同形式的骨连接构成的。

（3）人的肌体就是由数百万亿个细胞组成的。

语言点练习：回答问题

（1）你们卫校有多少个班级？

（2）你们市医院有哪些科室？

（3）你们现在正在使用的教材有几个部分？

● 而₁（表转折）

"而"是从古代沿用下来的连词，在现代汉语书面语中用得比较多。

· 连接并列的形容词或者动词，前后两部分意思相反。例如：

他聪明而不努力，所以成绩并不好。

· 连接两个小句，前后两部分表示相对或相反的两件事情。例如：

我们每天都忙着准备考试，而他还在玩儿电脑游戏。

· 前后两部分一个肯定，一个否定，用来对比说明。例如：

检查结果出来了，他得的是胃炎，而不是胃癌。

语言点练习：完成句子

（1）他的病很严重，大家都建议他去医院，＿＿＿＿＿＿＿＿＿＿。

（2）有的人喜欢看中医，＿＿＿＿＿＿＿＿＿＿。

（3）你说错了，他是维吾尔族人，＿＿＿＿＿＿＿＿＿＿。

● ……，同时……

"同时"是连词，有"并且"的意思，用于后一分句，常常和"又"、"也"、"还"等配合使用，前后两个小句为并列关系。例如：

（1）他是一个好父亲，同时也是一个严厉的老师。

（2）肝脏是消化系统的器官，同时还是新陈代谢的重要器官。

（3）我们身体里每天总有成千上万的细胞衰老死亡，同时又有成千上万的新细胞诞生生长。

总结

"同时"除了作为连词使用外，还可作名词，表示动作行为在同一时间发生，还可构成"在……的同时"这一固定格式。例如：

（1）我和朋友同时到达火车站。

（2）他们俩今年都参加高考，同时被录取了。

（3）这类病人在坚持药物治疗的同时，也要注意多参加运动。

语言点练习：用"同时"改写句子

（1）他是一位很有名的医生，也是这个大学的客座教授。

（2）他们俩不约而同，这个学期都选了张老师的课。

（3）采用西医治疗的时候，也可用中医的针灸、按摩等来辅助治疗。

4. 看PPT，根据提示词语复述课文。

人体的构成很像……。人的肌体是由……组成的。虽然细胞的……各不相同，但所有细胞都是由……组成的，它们有着基本……。人体内的细胞不是……，而是……。

（四）布置作业

1. 复习掌握生词1~30。

2. 做课后练习第七题1~4。

第二讲

（第三、四课时，共90分钟）

（一）导入

1. 复习、听写生词1~30。

2. 根据PPT提示词语复述课文1~3段。

3. 引入新课：人的肌体是由数百万亿个细胞组成的，细胞是构成生命的最小单位。那么比细胞更大的单位是什么呢？

（二）学习生词31~62

1. 教师领读生词；学生单个读；纠音。

2. 图示医学名词：管腔、被覆上皮、腺上皮、固有结缔组织、淋巴、软骨、骨骼肌、心肌、平滑肌、神经元、神经胶质、肠。

3. 重点生词讲解及扩展

　　◎ 连接：连接血管　连接南北　连接城市和乡村

　　　　　　那条铁路把这两个地方连接了起来。

　　◎ 修复：修复组织　修复关系　修复错误

　　　　　　如果我们的身体只是有一点儿小病，它可以自动修复，不用吃药打针。

　　◎ 行使：行使功能　行使职权　行使权力

　　　　　　领导者应该正确行使手中的权力。

　　◎ 吸收：吸收营养　吸收水分　吸收能量

　　　　　　虽然他吃得很多，但是因为吸收不好，所以仍然很瘦。

　　◎ 维持：维持生命　维持秩序　维持关系

　　　　　　他的病很重，现在只能靠药来维持下去。

4. 看 PPT,完成生词练习。

生词练习:

(1)很多植物靠叶子来_____阳光。(吸收)

(2)如果你不同意医院的改革方案,你可以_____你的否决权。(行使)

(3)父亲住院后,家里的开支越来越大,他的那点儿工资已很难_____全家人的生活。(维持)

(4)把两台电脑_____起来,就可以资料共享了。(连接)

(5)她因为喜欢吃甜食,所以长了几颗虫牙,医生建议他尽快_____。(修复)

5. 看 PPT,学生认读生词。

(三)学习课文 4~5 段

1. 领读课文;学生单个读;纠音。

2. 提问,疏通文意。

(1)细胞是如何执行它的功能的?

(2)什么是组织? 人体包括哪些基本组织?

(3)上皮组织包括哪两类? 有什么功能?

(4)人体内分布最广、种类最多的是什么组织? 有什么功能?

(5)肌肉组织包括哪几类? 有什么功能?

(6)神经组织是由什么组成的? 有何功能?

3. 讲解语言点。

● 根据

"根据",介词,用来表示以某种事物或动作为前提或者基础。它所带的宾语可以是名词,也可以是动词。由它构成的介词结构位置比较灵活,可以放在句首,也可以放在句中。

根据(介词)	
用　法	例　句
根据＋名词(短语)	(1)根据我的经验,你这样做是不行的。 (2)我们要根据自己的条件选择合适的工作。 (3)根据组织的一些共同结构和功能特点,人体的组织可分为四类基本组织,即上皮组织、结缔组织、肌肉组织和神经组织。
根据＋动词	(1)根据统计,经常吸烟的人更容易得肺癌。 (2)这是我们根据调查得出的结论。 (3)根据化验,医生认为他得了肾炎。

语言点练习:用"根据"完成句子

(1)_____,医生制订了新的治疗方案。

(2)_____,我国有 1.6 亿高血压病人。

（3）_____,他应该能找到很好的工作。

● 之一

"之"是文言虚词,"之一"是"其中的一个"的意思,常常和"是"搭配使用,构成"是……之一"。例如:

（1）他是我们班最努力的学生之一。

（2）胃是人体众多器官之一。

（3）神经组织是人和高等动物的基本组织之一,是神经系统的主要构成成分。

语言点练习:用"之一"完成句子

（1）构成细胞的成分主要有六种,蛋白质_____。

（2）新疆有很多有名的卫校,_____。

（3）血液是_____。

4. 小组讨论,分析这两段的结构。

5. 根据板书的结构图复述课文。

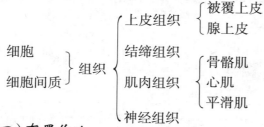

（四）布置作业

1. 复习掌握生词 31~62。

2. 做课后练习第六题。

3. 做课后练习第七题 5~7。

第三讲

（第五、六课时,共 90 分钟）

（一）导入

1. 复习、听写生词 31~62。

2. 根据 PPT 结构图复述课文 4~5 段。

3. 引入新课:上次课我们学了组织,那么组织又是怎么构成人体的呢?

（二）学习课文 6~7 段

1. 领读课文;学生单个读;纠音。

2. 提问,疏通文意。

（1）什么叫器官? 你知道哪些器官?

（2）什么是系统? 人体包括哪些系统?

3. 讲解语言点。

●把 A 比作 B

这个句式是用打比方的方式用 B 事物来描述或说明 A 事物。例如：

（1）人们常常把孩子比作祖国的花朵。

（2）我们可以把人体比作一栋楼房，把细胞比作建筑楼房的材料。

（3）由多种组织构成的、能行使一定功能的结构单位叫作器官，如心、肝、肾、肺、肠等，可以把它们比作一个个的房间。

注意：因为"把"字句的谓语动词不能是一个简单动词，后边必须有其他的成分，所以这一句式不能说成"把 A 比 B"。

语言点练习：用"把……比作……"改写句子

（1）人体的九大系统就好比楼房中的一个个单元。

（2）护士给病人带来帮助和关爱，就像天使一样，所以人们叫她们"白衣天使"。

（3）李大夫非常热爱工作，他觉得工作就是他的生命。

4. 根据板书复述课文。

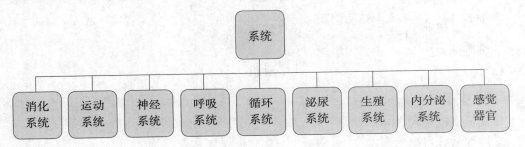

5. 课文小结。

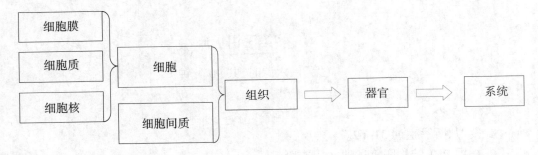

（三）处理课后练习（略）

（四）布置作业

1. 预习第二课生词 1~37。

2. 做课后练习第九题。

第十六课
药物作用的两重性

一、教学目标

1. 准确理解并掌握本课出现的 4 个重点生词。

2. 准确理解并运用 5 个语言点。

3. 了解药物作用的两重性以及药物的治疗作用;能相对完整地复述课文;能顺利完成课后练习。

二、教学内容

1. 49 个生词

2. 5 个语言点:(1)针锋相对

(2)标本兼治

(3)从来

(4)反问句

(5)打交道

3. 课文

4. 练习

三、教学重点及难点

1. 4 个重点生词:有利、彻底、则、难免

2. 5 个重要语言点:针锋相对、标本兼治、从来、反问句、打交道

四、教学方法

1. 课堂教学按照"生词—语法—课文—练习"的顺序,循序渐进。从解题开始,引出新课内容。

2. 辅助使用图片、计算机多媒体教学。

3. 设计互动形式的小组活动,充分展示学生的主体性和积极性。

4. 讲练结合,精讲多练。

五、教具

图片、多媒体动画

六、课时安排

全课共 6 课时,每课时 45 分钟。

教学内容及时间 / 课时	导　入	讲　解	练习或小结	布置作业
	8 分钟	40 分钟	40 分钟	2 分钟
第一、二课时	•新课导入	•讲解生词 1~21 •讲解语言点:针锋相对、标本兼治 •讲解课文第 1~5 段	•生词练习 •语言点练习 •课文复述 •语言点和课文小结	•复习掌握生词 1~21 •做课后练习第一题的 1~4 题,第二、三、四题
第三、四课时	•听写生词 1~21 •复述课文第 1~5 段	•讲解生词 21~49 •讲解语言点:从来、反问句、打交道 •讲解课文第 6~11 段	•生词练习 •语言点练习 •小组讨论 •课文复述 •语言点和课文小结	•复习掌握生词 21~49 •做课后练习第一题的 5~8 题,第五、六、七题
第五、六课时	•听写生词 21~49 •复述课文第 6~11 段	•讲解课文第 12~15 段 •处理课后练习(第八题除外)	•语言点练习 •课文复述 •课文和练习疑难小结	•预习下一课生词 •做课后练习第八题

七、教学步骤

第一讲

(第一、二课时,共 90 分钟)

(一)导入

复习上一课,引出这一课的话题:

1. 药物对肌体的基本作用是什么?

2. 药物对肌体的作用的基本表现是什么? 二者之间存在什么样的关系?

3. 请简单介绍一下药物对肌体产生作用的过程。

4. 影响药物作用发挥的因素包括哪些?

5. 结合课上所学的知识,请谈谈用药时应注意哪些问题。

(二)学习生词 1~21

1. 教师领读生词;学生单个读;纠音。

2. 图示医学名词:绞痛、阿托品、潮红、结核病。

3. 重点生词讲解及扩展。

(1)针锋相对:

家属说医院治疗不当,院方说患者不遵医嘱。——双方的观点针锋相对。

两个人的观点针锋相对。

两家药厂的营销策略针锋相对。

(2) { 有利:对⋯⋯有利:不抽烟对健康有利。

有利于:睡前温水洗脚有利于睡眠。

(3)治本:健康的生活方式才是疾病治愈的治本之道。

(4)治标:很多药不能消除病因,只是治标。

(5)标本兼治:看PPT。

> 语素分析法:
>
> 标:表面的病征。　　本:引发病征的病因。
>
> 兼:都。　　　　　治:治疗。
>
> 制订医疗方案时,我们应该遵循"标本兼治"的原则。
>
> 对城市污染可以标本兼治:一方面绿化城市,一方面治理有害气体排放。

4. 看PPT,学生认读生词。

(三)学习课文 1~5 段

1. 领读课文;学生单个读;纠音。

2. 提问,疏通文意。

(1)药物作用的两重性指的是哪两方面?

(2)阿托品对胃肠痉挛的治疗作用是什么?

(3)阿托品在治疗胃肠痉挛时不良反应有哪些?

(4)在什么情况下,药物会产生疗效?

(5)药物的防治作用包括哪两方面?

(6)什么是药物的预防作用?

(7)接种卡介苗能预防什么病?

(8)服用维生素D能预防什么病?

(9)服用小剂量阿司匹林能预防什么病?

(10)什么是药物的治疗作用?

(11)药物的治疗作用分为哪两类?

(12)什么叫对症治疗?什么叫对因治疗?二者主要区别是什么?

(13)在什么情况下可以首选对症治疗?

3. 讲解语言点。

● 针锋相对

成语。针锋:针尖。针尖对针尖。比喻双方在策略、论点及行动方式等方面尖锐对立。例如:

（1）在商业竞争中,策略和方法可以灵活,但必须针锋相对,丝毫不能含糊。

（2）当孩子敏感、气愤的时候,父母要宽容大度一些,而不是针锋相对地批评孩子。

（3）如果药物的影响与致病因素所引起的影响针锋相对,就可以减弱或消除致病因素的影响,使疾病向好的方面转化,产生疗效。

● 标本兼治

标,指表面的病征;本,指引发病征的源头。"标本兼治"是一个中医的名词,意思是不但消除了表面的病征,而且根除了引发疾病的原因。后来多比喻查处问题和防止问题两方面工作同时进行,既要解决问题的表象,又要从根本上杜绝问题的产生。例如:

（1）这个标本兼治的方法值得推广。

（2）解决城市排水问题,需要从城市规划等各方面入手,才能做到标本兼治。

（3）应坚持"急则治其标,缓则治其本,标本兼治"的基本用药原则。

4. 看 PPT,根据提示词语复述课文。

药物作用的两重性指的是……。比如阿托品……。药物的防治作用又可分为……。预防作用是指……。治疗作用是指……。治疗作用又可分为……和……。基本的用药原则是……。

（四）布置作业

1. 复习掌握生词 1~21。

2. 做课后练习第一题 1~4,第二、三、四题。

第二讲

（第三、四课时,共 90 分钟）

（一）导入

1. 复习、听写生词 1~21。

2. 根据 PPT 提示词语复述课文 1~5 段。

3. 引入新课:药物一方面具有防治作用,但是另一方面也会产生不良反应。那么有哪些不良反应呢?

（二）学习生词 22~49

1. 教师领读生词;学生单个读;纠音。

2. 图示医学名词:麻醉、地高辛、心律失常、畸胎、生化指标、葡萄球菌、念珠菌、红斑。

3. 重点生词讲解及扩展

◎ 蓄积:蓄积能量　蓄积脂肪　蓄积财富

寒冷的冬天,人们一般很少外出运动,蓄积了很多脂肪。

◎ 预知:预知未来　预知后果　预知明日

这种仪器据说可以预知儿童的身高。

◎ 二重:二重感染　二重性　二重反应

长期使用某些广谱抗生素可能会破坏体内正常菌群的共生平衡,引起二重感染。

◎ 类似:类似现象　类似产品　类似后果

这次你们的违规操作引起了严重的后果,必须从严处理,你们以后一定要吸取教训,不得发生类似事情。

◎ 予:予以解决　予以处理　予以取消

对医疗事故必须予以严肃处理。

4. 看PPT,完成生词练习。

生词练习:

(1)目前的经济形势对我们公司非常_____。(有利)

(2)经过医生的治疗和家人的精心护理,她的病已经_____好了。(彻底)

(3)这条马路修好了,_____了拥挤的交通路况。(缓解)

(4)他喜欢中医,他妻子_____喜欢西医。(则)

(5)从他临终前的日记可以看出他对生命的_____。(渴求)

5. 看PPT,学生认读生词。

(三)学习课文 6~15 段

1. 领读课文;学生单个读;纠音。

2. 提问,疏通文意。

(1)什么是药物的不良反应?

(2)药物的不良反应有几种?

(3)请举例说明药物的副作用。

(4)地高辛过量会引起心律失常,这属于药物的哪种不良反应?

(5)药物的后遗效应指的是什么?请举例说明。

(6)药物的后遗效应和继发反应有什么不同?

(7)变态反应有哪些表现?

(8)"三致作用"指的是什么?

(9)请解释药物依赖性。

3. 讲解语言点。

● 从来

副词,表示从过去到现在都是如此。多用于否定句。例如:

(1)他从来不隐瞒自己的观点。

(2)我从来不说假话。

(3)经常听到有人声称自己从来不上医院,但谁敢说自己从来不吃药?

语言点练习：

（1）他感冒了从来不去医院，只是自己买点儿药吃。

（2）他从小在爷爷奶奶家长大，跟父母的感情一直有些疏远，从来不敢在父母面前随便说话。

（3）我从来没见过这么不讲理的人！

注意："从来"后面用否定词"没/没有"时，通常要带"过"。如：我从来没去过北京。

总结

"从来"也可用于肯定句，修饰动词短语、形容词短语或小句，一般不修饰单个动词、形容词。一般跟"都"连用。例如：

（1）我的屋子从来都很干净。

（2）他对工作从来都认真负责。

（3）爸爸从来都说话算数。

● 反问句

反问句是一种比较特殊的疑问句，表示特别强调作用。反问句中，肯定的形式表示否定的意思，否定的形式则表示肯定的意思。除了具有比较特殊形式的反问句以外，很多疑问代词也可以构成反问句。常用格式有："不是……吗？""不……吗？""没有……吗？""难道……吗？""为什么……呢？""何必……呢？""何况……呢？"等等。

语言点练习：

（1）这个问题连老师都不明白，何况学生呢？

（2）大家都同意了，你何必反对呢？

（3）谁敢说自己从来没生过病？

（4）病得这么重，为什么不去医院呢？

（5）这不是小王吗？

（6）难道你没犯过错误？为什么抓住我的失误不放呢？

● 打交道

意思是个人、组织或国家之间进行交易或发生联系。"打"的意思是接触。例如：

（1）我们不但要学营销理论，而且要学习如何跟客户打交道。

（2）我从来没跟这种人打过交道。

（3）那个人不太好打交道。

4.二人小组互相提问，复述课文。

（四）布置作业

1.复习掌握生词22~49。

2.做课后练习第一题的5~8，第五、六、七题。

第三讲

（第五、六课时，共 90 分钟）

（一）导入

1. 复习、听写生词 22~49。

2. 根据 PPT 结构图复述课文 6~15 段。

（二）通读课文，总结复习

药物的不良反应指的是……。不良反应有以下几种：……。副作用指的是……；毒性反应是指……；后遗效应是指……；继发反应是……；变态反应是……；"三致作用" 指的是……；药物依赖性是指……。

1. 领读课文；学生单个读；纠音。

2. 提问，复习文意。

（三）处理课后练习（略）

（四）布置作业

1. 预习第十七课生词 1~32。

2. 做课后练习第八题。

第二单元
争分夺秒

一、教学目标

1. 理解并掌握表达式的意义及用法。
2. 理解 3 课课文的意思,并熟记课文内容。
3. 能够围绕课文提供的大背景,进行有关运动会和比赛的对话。

二、教学内容

1. 3 课中的 36 个生词
2. 表达式及表达式练习
3. 2 个听力理解练习
4. 5 篇课文
5. 综合练习

三、教学重点

1. 听辨时间词
2. 与运动会和比赛相关的词语
3. 表达式
4. 第一、二课的 4 篇课文
5. 综合练习的"根据情境,完成会话"及小组活动

四、教学方法

1. 突出语境的作用,词语和表达式纳入语言环境中学习,并以听促说。
2. 教师组织好教学环节,以学生练习为主,教师讲解为辅。
3. 采用多媒体技术手段辅助练习。

五、教具

电脑或录音机

六、课时安排

每课学习 4 课时

七、教学设计

第一讲

（第一、二课时，共 90 分钟）

（一）教学内容与重点

1. 教学内容

（1）听力理解：听对话，选择正确答案

（2）第一、二课的表达式及生词

（3）第一、二课的课文

2. 教学重点

（1）表达式

（2）课文

（二）教学环节及进度

新课导入 2分钟	第一课生词和表达式 10分钟	第一课听力理解练习 4分钟	第一课课文理解和掌握 29分钟	第二课生词和表达式 10分钟	第二课听力理解练习 4分钟	第二课课文理解和掌握 29分钟	总结及作业 2分钟

（三）教学步骤

教学内容	教学行为	教学说明
新课导入（2分钟）		
	1. 从第一课认识新同学谈起，简单询问对新同学的了解，找出运动好的学生，引出本次课的主题——运动和比赛。 2. 了解了某个学生的体育特长后，跟学生一起聊两句学校运动会项目方面的事情。	这一步的目的： （1）在轻松自然的气氛中进入本课话题； （2）大概了解学生预习的情况； （3）大致了解学生对上一课内容掌握的情况。

第一课生词和表达式（10分钟）

1. 第一课课文一的主要生词和表达式：举行、通知、准备、提前、对了（P16～17） 2. 第一课课文二的主要生词和表达式：平均、耐力、差不多（P18）	处理课文一重点生词和表达式： 1. 板书 举行　学校下周举行运动会。 　　　我们班要举行新年晚会。 通知　学校有个通知。 　　　这个事我通知他。 准备　我们准备一下。 　　　你准备参加什么比赛？ 提前　晚会提前了。 　　　你提前一刻钟到吧。 平均　我们班男生的平均身高是168cm。 　　　1000米跑4分钟，平均1分钟跑250米。 耐力　他的耐力不错。 　　　他很有耐力。 2. 带领学生朗读板书内容 3. 学习表达式"对了" 　（1）朗读例句1（P17） 　（2）询问学生该表达式的意思和功能是什么 　（3）用"对了"完成句子（P17） 4. 学习表达式"差不多" 　（1）朗读例句1（P18） 　（2）询问学生该表达式的意思和功能是什么 　（3）用"差不多"完成对话（P18）	1. 课前已经要求学生预习生词，所以生词处理不必太细。名词类的生词一般不作处理，只是将动词和虚词作简单的搭配练习，而且所给的义项也只限于本课中出现的义项，使学生了解词语在本课中的用法，为下一步理解课文扫除障碍。 2. 表达式和生词放在一起学，可以使教学过程显得连贯。在处理上则与学习生词略为不同，增加了操练环节。理解后马上操练，有助于加深理解和掌握。 3. 书上表达式的练习可以采用不同的学习方法，可以全班一起做，也可以教师读A的句子，学生不看书，说出B的句子，如果课上时间有限，也可以留作业。

第一课听力理解练习（4分钟）

听对话,选择正确答案（P16）	听录音 第一遍逐个对话听,教师在学生选择完答案以后,带着学生重复一遍对话中某个事件发生的时间。如: 运动会明天十点十分开始。 谢老师让他们提前四十分钟去。 第二遍将5个对话完整地听一遍,列出对话中的时间词,学生根据列表说出对话中的相关句子: 10：10　40分钟 1分钟　57秒　1分15秒 8：45　13：45 4：30　4：40　5：30	听力理解的小对话中基本都涉及了时间词,这正是第一课的重点,学生在做听力理解的过程中提前感知这些表达,目的是为学习课文预热。

第一课课文理解和掌握（29分钟）

课文一《下星期五举行运动会》及练习（P17） 课文二《我参加两项比赛》及练习（P18）	1. 听课文一录音,做练习。 　听第一遍,做判断正误（P17）。 　方法:学生先念一遍判断题,再说出答案。 　如果学生理解有误,请其他学生纠正,最后教师作出评价。 　听第二遍录音回答问题（P17）。 　形式为三四个人一组互相问答。 2. 做练习(三):请你说说谢老师的通知内容。 　形式为三四人一组,大家一起把内容凑出来。 3. 听课文二录音,做练习（P18~19）。 　方法同上。 4. 做综合练习一和二。	1. 两篇课文的内容是通过听录音导入,教学目的是理解内容,掌握语言表达方法,通过几项练习,能基本复述课文内容,暂时不做灵活运用的练习。 2. 综合练习一和二可以视学生掌握的情况和课时,教师自由把握做还是不做。 3. 综合练习三"根据情境,完成会话"暂时不做。

第二课生词和表达式（10分钟）		
课文一 重点生词：取得、响、兴奋、提高 表达式：一……（也/都）不/没……（P21） 课文二 重点生词：紧张、收获 表达式：早（就）……（了）（P23）	处理课文一重点生词和表达式： 1.板书 取得　取得了一个好成绩 响　　闹钟响了。 　　　上课铃响了。 兴奋　比赛前我特别兴奋。 　　　比赛场上大家都很兴奋。 提高　提高成绩 　　　他100米跑的成绩提高了2秒。 紧张　心里有点儿紧张 　　　比赛前紧张得没睡好 收获　这次比赛他很有收获。 　　　他收获了两个第一名。 2.学习表达式 （1）一……（也/都）不/没……（P21） "一点儿也不/没……"是一种常用结构。注意这个句式的两种用法：A."一点儿"强调程度时，后边直接加动词或形容词；B."一点儿"强调数量少时，后边加名词。"一"后面还常常是"量词+名词"成分。 注意例1、例2和例3、例4中用法的不同。 ·朗读例句1（P21） ·询问学生该表达式表达的意思和语气是什么 ·用"一……（也/都）不/没……"完成对话（P22） （2）早（就）……（了）（P23） 方法同上。	

第二课听力理解练习（4分钟）		
听对话,选择正确答案（P21）	方法同上。 列出对话中的时间词,学生根据列表说出对话中的相关句子: 40分钟　　10分钟 2007年 七月到今年二月　三月 5:50	第2题中的"第四批新生"可能会构成理解障碍,听录音前不必先讲,可以作为跨越理解障碍的点埋伏在对话中,听后着重检查。 如果学生理解得顺利可以处理得快一些。

第二课课文理解和掌握（29分钟）		
课文一《一点儿也不累》（P21） 课文二《我有点儿紧张》（P22）	方法同上。	

总结及作业（2分钟）		
总结课文中的表达式 作业: 1. 做P20综合练习四"根据表格的提示,进行小调查"（每人调查2个同学）。 2. 做P27第六题"用指定的词语或者表达式完成会话"。	1. 朗读下面的句子: （1）我特别兴奋,一点儿也不累。 （2）我现在一点儿信心都没有。 （3）另外几个人跑1000米,一点儿都不快。 （4）练了几天,成绩一点儿也没提高。 （5）我要多跑一会儿,现在一点儿也不饿。 （6）跑了很长时间,为什么一点儿也不累? （7）我现在一点儿也不想跑,觉得两条腿特别沉。 （8）我早就来了。昨天晚上我有点儿紧张。 （9）这个道理我早就明白了。 （10）半个小时以后同学们就都来了。 2. 根据下面的提示,说一说巴哈尔的情况: 1000米　5000米　平均成绩 耐力　兴奋　成绩提高　没信心	表达式"对了"和"差不多"不是难点,小结时可以忽略,把重点放在第二课中的两个表达式。 课文的主要内容也是小结的一项。 在这四篇课文中,始终都有巴哈尔的出现,通过他可以把四课的主要内容重温一下。 检查作业放在第二次课口语练习时进行。

第二讲

（第三、四课时，共 90 分钟）

（一）教学内容与重点

1. 教学内容

第三课课文及生词

表达式 "才"

表达式练习

口语练习

2. 教学重点

口语练习

（二）教学环节及进度

| 组织教学 1分钟 | 第三课生词和表达式 5分钟 | 学习第三课课文 14分钟 | 检查表达式的作业 10分钟 | 检查小调查的作业 15分钟 | 口语表达练习 44分钟 | 小结 1分钟 |

教学内容	教学行为	教学说明
新课导入（1分钟）		
简要复习上次课的内容，把话题引入第三课的题目"我的日记"，引入本课的表达式"才"。	通过旧课，引入新课。 提问： 1. 参加比赛的同学应该怎么做？ 2. 赛前巴哈尔出现了什么情况？老师怎么帮助他？ 引出本课题目：比赛那天巴哈尔都做了什么？ 他的心情怎么样？ 我们一会儿去听听他在日记里是怎么说的。 引入表达式"才"： 教师：某某已经忘了课文的内容，你觉得他忘得很快，你对他说什么？ 例1. 才学了两天，你就忘了！ （说明时间短） 教师：今天某某来得特别早，同学们说他几点来教室的？ 例2. 才七点，他就来了。 （说明时间早）	在引入表达式"才"时，不一定就要用这里的两个例子，教师应该根据了解到的当天同学们的情况来出例句，目的是借助身边的事情，方便学生理解。

第三课生词和表达式(5分钟)		
生词：届、收拾、怀疑 表达式：才	1. 处理第三课的表达式"才" 　　完成P26的对话 2. 学习重点生词 （1）板书 届　　（以发生的那年算） 　　　2012届毕业生 收拾　收拾房间 　　　出门前把自己收拾一下儿 怀疑　巴哈尔怀疑自己得不了第一名。 　　　他怀疑他的词典被阿里木拿去了。 （2）朗读词语搭配	
学习第三课课文(14分钟)		
课文《我的日记》 练习 三、四、五 （P26）	1. 听第一遍课文录音,做练习四。 2. 听第二遍录音,做练习三。 3. 听两遍后分组做练习五。	1. 检查连线练习时,请每个学生做一个连线。 2. 做判断正误练习时,大家一起读题,对答案。错的地方及时指出为什么。 3. 分组时,以每组三至四人为宜。各组完成后,可以抽查。
检查表达式的作业(10分钟)		
P27练习六	学生说,教师视汉字的难度和题目的难易度选择板书内容。	学生一个人一句,全部完成以后,全班朗读。
检查小调查的作业(15分钟)		
P20练习四	1. 请几个学生汇报调查结果,其他同学在听汇报的时候,做简单记录。 2. 教师带着学生总结同学们的汇报,或将擅长同一项目的同学归类,或按成绩排出名次。	

续表

口语表达练习（44分钟）		
P19 练习三 P24 练习一和三 P25 练习四	小组活动 1. 两人一组做 P19 的练习三。（8分钟）各组做完以后，抽查一到两组。 2. 两人一组完成 P25 的练习四。（8分钟）各组做完以后，抽查一到两组。 3. 全班同学一起做 P24 的练习一。（2分钟） 4. 五人一组做 P24 的练习三。（12分钟）各组完成以后，抽查两三组。 5. 还是原来的 5 个人一起做一个本班参加全校运动会的计划。（14分钟）每个小组成员根据第一课调查报告中介绍的班里同学的运动特长和自己了解的情况，推荐参加运动会的人选，并说明自己的推荐理由。 最后每个组形成一个本班参加全校运动会的计划。	这几个口头表达练习都与课文有关，但做的时候，不应该完全局限于课文，教师应该鼓励学生大胆地发挥，说自己的话。
小结（1分钟）		
小结和布置作业	教师评价口语练习的情况，肯定成绩，指出问题。 作业： 预习第三单元第一、二课的生词和表达式。	

该教案设计适用于第一至第九单元。第九单元以后每单元容量增大，教学安排上可以作如下调整：

课时	教学内容	作业
第一节	第一课 听力理解 　　一、听对话,选择正确答案 课文 　　一、生词 　　二、表达式例句 　　三、听课文,做练习 综合练习 　　一、请试着用下面的词语复述课文	听力理解 　　二、听后判断正误(或选择正确答案) 课文 　　二、表达式的练一练 综合练习 　　二、模仿下列反对态度的表达,完成对话(每课的练习题目可能略有不同)
第二节	第二课 听力理解 　　一、听对话,选择正确答案 课文 　　一、生词 　　二、表达式例句 　　三、听课文,做练习 综合练习 　　一、复述课文,……	听力理解 　　二、听短文,判断正误(或选择正确答案) 课文 　　二、表达式的练一练 综合练习 　　复述课文以外的其他练习
第三节	第三课 课文 　　一、生词 　　二、表达式例句及练习 　　三、听课文,做练习 综合练习	
第四节	第一、二课的表达式 第一、二课综合练习未完成的口语练习 教师自主设计的口头表达练习	

第一单元
防患未然

一、教学目标

1. 理解并掌握表达式的意义及用法。

2. 理解 3 课课文的意思,并熟记课文内容。

3. 能够围绕课文提供的大背景,进行有关防患未然内容的对话。

二、教学内容

1. 3 课中的 62 个生词

2. 表达式及表达式练习

3. 2 个听力理解练习

4. 3 篇课文

5. 综合练习

三、教学重点

1. 听力理解训练

2. 表达式

3. 课文理解

4. 叙述和说明表达能力训练

四、教学方法

1. 突出语境的作用,词语和表达式纳入语言环境中学习,通过理解课文,以听促说。

2. 教师组织好教学环节,以学生练习为主,教师讲解为辅。

3. 采用多媒体技术手段辅助练习。

五、教具

电脑或录音机

六、课时安排

每课学习 4 课时,每课时 45 分钟。

七、教学设计

第一讲

（第一、二课时,共 90 分钟）

（一）教学内容与重点

1. 教学内容

（1）听力理解:听对话,选择正确答案

（2）第一、二课的表达式及生词

（3）第一、二课的课文

2. 教学重点

（1）表达式运用

（2）课文理解

（二）教学环节及进度

新课导入 2分钟	第一课生词和表达式 15分钟	第一课听力理解练习 9分钟	第一课课文理解和掌握 20分钟	第二课听力理解练习 8分钟	第二课生词和表达式 11分钟	第二课课文理解和掌握 23分钟	总结及作业 2分钟

（三）教学步骤

教学内容	教学行为	教学说明
新课导入（2分钟）		
	询问学生是否有熬夜习惯,随着学生说出的内容,教师引导学生说出熬夜的坏处,带出第一课的重点生词,最后引出第一课课文题目"不做'夜猫子'"（板书）。	这一步的目的: 1. 在轻松自然的气氛中进入本课话题。 2. 大概了解学生预习的情况。

第一课生词和表达式（15分钟）		
1. 第一课的主要生词：急忙、头昏脑涨、溃疡、恢复、消除、增强、抵抗、打乱 2. 表达式： ·直 难道……吗？ 除了 这么一说	处理第一课的重点生词： 1. 板书 急忙　很快地 头昏脑涨　一夜没睡，觉得头 　　　　　　昏脑涨 溃疡　（发炎）胃溃疡 恢复　恢复体力　恢复健康 消除　消除疲劳 增强　增强身体的免疫力和 　　　抵抗力 抵抗　抵抗疾病 打乱　打乱生活规律 2. 带领学生朗读板书内容。 3. 朗读全部生词，解决生词问 　题。 学习表达式： 1. 直 （1）教师说出一个情景，引导 学生用该表达式说句子。例： 他的头被石头砸伤了，血…… （2）简单说明"血直流"是血 流得很多的意思。 （3）做书上的表达式练习。 2. 难道……吗？ （1）教师说出两个句子，学生 比较两句话的语气： ① 你今天怎么又迟到了？ ② 难道你不知道今天考试 　吗？怎么又迟到了？ （2）做书上的表达式练习。 3. 除了 （1）教师利用课上的现有资 源，创造机会让学生说"除了" 的句子。例如：	1. 课前已经要求学生预习生 词，所以生词处理不必太 细。名词类的生词一般不 作处理，只是将动词和虚词 作简单的搭配练习，而且所 给的义项也只限于本课中 出现的义项，使学生了解词 语在本课中的用法，为下一 步理解课文扫除障碍。 2. 表达式和生词放在一起学， 可以使教学过程显得连贯。 在处理上则与学习生词略 为不同，增加操练环节。理 解后马上操练，有助于加深 理解和掌握。 3. 例句是学生预习时自学，表 达式练习在上一次课时由 教师布置作业，本次课上 检查，课上未做完的表达 式练习可以留作业，下次 课时检查。

<table>
<tr><td rowspan="2"></td><td>

师：今天咱们班同学都到了吗？

生：除了某某某,都……

师：你们只有星期二有体育课吗？

生：除了星期二,还有星期四（有体育课）。

4.这么一说

（1）教师说出一个情景,引导学生用该表达式说句子。例如：

A：我跟你说啊,糖虽然好吃,但是吃多了对身体也有害,你的体重很可能就和吃糖太多有关系。

B：听你这么一说,我觉得还真有可能,以后我得少吃糖了。

（2）用书上的例句进一步理解"这么一说"的意思。

（3）做书上的练习。

</td><td></td></tr>
</table>

第一课听力理解练习（9分钟）

<table>
<tr><td>

一、听对话,选择正确答案（P2）

</td><td>

听录音

第一遍逐个听对话,教师在学生选择完答案以后,重点重复一下有重点词语和表达式的部分。

第二遍将9个对话完整地听一遍,形成板书：

夜猫子　头昏脑涨

熬夜　直犯困

</td><td>

听力理解的小对话中用到了很多课文中的生词,学生在听力理解的内容中提前感知这些表达,目的是为学习课文预热。

"二、听短文,完成练习"为课下补充听力内容。

</td></tr>
</table>

第一课课文理解和掌握(20分钟)

课文《不做"夜猫子"》	听课文录音,做练习。 听第一遍,做 P5 的练习一。 方法:学生先念一遍判断题,再说出答案。 如果学生理解有误,请其他学生纠正,最后教师作出评价。 听第二遍录音,做 P5~6 的练习二、三。 1. 其中,练习二采用三四个人一组互相问答的形式。 2. 做练习三"试着根据提示词语复述课文"。 做练习三时,学生三四人一组,大家一起把内容凑出来。 选择个别同学或小组汇报。	课文的内容是通过听录音导入,教学目的是理解内容,掌握语言表达,通过几项练习,能基本复述课文内容,暂时不做灵活运用的口语练习。 学生回答问题和复述课文时,教师到各组巡视,发现问题,及时纠正。如果有的组先做完了,教师就可以先检查他们的完成情况。争取多检查几组。

第二课听力理解练习(8分钟)

一、听对话,选择正确答案(P8)	听录音 1. 板书 消防通道　救火车　油着了 烫　灭火器　报警　火势大 起火原因　把烟掐灭 昏迷不醒　抢救　救了他的命 损失　靠谱儿 2. 朗读板书内容。 3. 听第一遍录音。逐个听对话,老师在学生选择完答案以后,重点提问学生对带有重点词语部分的理解,带着学生重复相关的句子。 4. 第二遍将 8 个对话完整地听一遍。	第二课课文的内容为火灾,学生对这方面的词汇掌握得比较少,所以理解难度在于生词,而不在于动词和表达式。为了帮助学生尽快熟悉生词,跨越课文理解的障碍,特意通过听力理解练习扫清生词障碍,所以教学处理与第一课不同。 "二、听短文,完成练习"作为补充听力留给学生课下听。

第二课生词和表达式（11分钟）		
第二课生词和表达式	处理课文生词： 1. 朗读全部生词 2. 板书重点生词 消防 ← 车 　　　　通道 　　　　员 拨开灭火器 用灭火器喷火 干冰灭火器 干粉灭火器 捂住鼻子 靠谱儿　发生火灾时跳楼不 　　　　靠谱儿。 　　　　他说话不靠谱儿。 丧命：死 泼　泼水 粘　粘在一起 表达式： **1. 因为……所以……** **2. 如果……那么……** （1）解释两组关联词语的意思。 （2）做表达式练习（如果觉得学生掌握起来没问题，做一两个即可）。 **3. 本来** 有两个义项：一是"以前"的意思，和时间有关系；第二个义项跟时间没关系。 （1）朗读例句，体会两个义项的意思。 （2）做表达式练习。 **4. 越……越……** （1）给出两个用法： ① 越 + 动词 + 越 + 形容词	表达式"因为……所以……"和"如果……那么……"比较容易理解，而且综合课上可能已经学过，可以简单处理。重点放在"本来"和"越……越……"上。

	② 越+形容词+越+形容词 （2）举例： 请形容一下火车开动时的情况。 （越开越快） 什么样的哈密瓜甜？ （越大越甜） （3）做书上的表达式练习。	
第二课课文理解和掌握（23 分钟）		
课文《发生火灾时怎么办》	听课文录音，做练习。 听第一遍录音，完成 P11 的练习一。 听第二遍录音，完成 P12 的练习二、三、四。 练习方法还是以小组的形式进行。	
总结及作业（2 分钟）		
本堂小结 留作业	今天的课文跟我们的生活关系非常密切，希望今天的课对大家能有帮助。请说一说你最大的收获是什么。 教师板书出一、二……。 作业：第二课练习五。	教师可以将学生说的重要内容做一个简单的板书提示。

第二讲

（第三、四课时，共 90 分钟）

（一）教学内容与重点

1. 教学内容
   （1）第三课课文及生词
   （2）表达式及表达式练习
   （3）口语练习
2. 教学重点
   （1）第三课课文
   （2）口语练习

（二）教学环节及进度

组织教学	第三课生词和表达式	学习第三课课文	口语表达练习	表达式练习	小结
1分钟	20分钟	24分钟	23分钟	20分钟	2分钟

（三）教学步骤

教学内容	教学行为	教学说明
新课导入（1分钟）		
引入新课	提问学生会不会刷牙,知道不知道正确的刷牙方法,把话题引入第三课的题目"怎样保护牙齿"。 1.你每天刷几次牙?是不是次数越多越好?（复习第二课的表达式） 2.刷牙的正确方法是什么?（教师示范上下刷牙和左右刷牙的动作,引出"有讲究"） 3.刷完牙后,牙刷应该怎么放? 好,我们等一下来了解了解刷牙有什么讲究。	目的是引起学生的学习兴趣,聚焦主题。
第三课生词和表达式（20分钟）		
全部生词 全部表达式	学习生词: 1.朗读生词表。 2.学生做词语搭配。 例:教师给出生词"甩",学生说"甩牙刷"、"洗完牙刷,甩一甩"。 有利于　通风 牙刷头朝上放,有利于通风。 遗漏　牙缝 刷牙时每个牙缝都不能遗漏。	生词是理解本课课文的重要因素,列出的教学行为就是要通过不同的刺激,使学生尽快熟悉和掌握生词。

续表

	损伤　牙周　牙龈 横着刷牙会损伤牙面和牙周组织。 萎缩　牙龈萎缩 氟　含氟牙膏 过敏　牙齿过敏　皮肤过敏 骤　骤冷骤热 诱发　诱发疾病 有益：有好处 滋生　滋生细菌　滋生菌斑 学习重点表达式： **1. 与……相配** （1）提供可使用该表达式的情境或图片： ① 白色跟各种颜色 ② 男的1.8米,他女朋友1.67米 ③ 上身穿新疆民族服装,下身穿西裤 （2）做书上的表达式练习。 **2. 这么说** （1）教师提供情境,学生说句子： ① A：巴哈尔是上次学校运动会长跑第一名,今年运动会马上要开始了,可是他上星期把腿摔伤了。 　B：这么说…… ② A：大夫说我的龋齿很厉害,治不了了。 　B：这么说…… （2）做书上的表达式练习。 简单处理以下表达式： **可不是** **天哪** **不知道……好**	

续表

	教师提供情境,让学生选择合适的表达式来完成。 板书: (1)A:刷牙很有讲究,方法不对的话,还会伤害牙齿和牙龈呢。 　　B:＿＿＿＿＿＿。(可不是) (2)A:这次考试几门课热娜全部得了100分! 　　B:＿＿＿＿＿＿。(天哪) (3)A:你随便买一个牙膏不就行了,怎么挑这么长时间? 　　B:＿＿＿＿＿＿:＿＿。 　　　　(不知道……好)	
学习第三课课文(24分钟)		
第三课课文及部分综合练习	听录音做练习: 听第一遍录音,完成综合练习一。 听第二遍录音,完成综合练习二、三、四。	1. 练习三和练习四不是必须做的项目,教师可以根据本班学生的学习情况和课时安排进行取舍,也可以改为学生以小组的形式讲一讲自己保护牙齿和买牙膏牙刷的经验。 2. 练习四中涉及语气问题。在学生朗读练习的时候,教师要注意提示学生那些词语要表达的语气。
口语表达练习(23分钟)		
第三课综合练习五 第一课和第二课没有做的口语练习	1. 第一课综合练习四、五。 2. 第二课综合练习七。 3. 第三课综合练习五。	如果要求每组把四个练习都做完,时间肯定不够。教师可以根据对学生学习情况的了解,给不同的组不同的任务。虽然学生做的练习不同,但在小组汇报的时候,别的组仍有机会从同学的汇报中学习和复习。

续表

表达式练习（20分钟）		
第三课综合练习六 第一课和第二课没有做的表达式练习	每个学生做一个，教师进行评价，并将正确的板书出来。	这项练习的目的是复习本单元的表达式。在学生做练习时，教师发现问题，随时指出来，让学生加深理解。
小结（2分钟）		
小结和布置作业	教师评价口语练习的情况，肯定成绩，指出问题。 作业： 预习第三单元第一、二课的生词和表达式。	

第三单元

一、教学目标

1. 巩固人体必需的六大营养素方面的医学知识。

2. 了解水、维生素摄入不足会带来哪些危害及相应的预防措施;了解脂肪、盐摄入过多会带来哪些危害及相应的预防措施。

3. 巩固并扩充有关六大营养素方面的医学专业词汇。

4. 培养学生速读、抓住阅读重点及扫除阅读材料中词汇障碍等阅读能力。

二、教学内容

1. 40个医学专业生词

2. 阅读课文4篇

3. 相关阅读练习

4. 营养素方面医学知识的总结

三、教学重点及难点

1. 4篇阅读课文的阅读和理解

2. 六大营养素方面医学知识的复习及总结

四、教学方法

1. 课堂教学按照"单元导读—医学专业生词—阅读材料—练习"的顺序,循序渐进。从单元导读入手,启发学生思考,引导学生复习相关医学知识并引出新课。

2. 使用图片、计算机多媒体辅助教学。

3. 设计快速阅读与细读材料的分块式教学模式,并进行具有针对性的练习。

4. 讲练结合,精讲多练,讲练后进行总结。

五、教具

图片、多媒体课件

六、课时安排

本单元教学共安排 4 课时,每课时 45 分钟。

教学内容 及时间 课时	相关医学 知识复习 7 分钟	新课导入 3 分钟	阅读理解与练习 35 分钟	医学知识 总结 7 分钟	布置作业
第一 次课 / 第一课时 (第五课 阅读一)	水、维生 素相关知 识复习	新课导入	1. 医学专业词汇讲解 2. 速读,完成练习二 3. 细读,完成练习一 4. 总结概括,完成练习三		
第一 次课 / 第二课时 (第五课 阅读二)		新课导入	1. 医学专业词汇讲解 2. 速读,完成练习二 3. 细读,完成练习一和练习三	水、维生 素缺乏的 危害及预 防措施	第五课 综合练习
第二 次课 / 第三课时 (第六课 阅读一)	脂肪、无 机盐相关 知识复习	新课导入	1. 医学专业词汇讲解 2. 速读,完成练习二 3. 细读,完成练习一 4. 总结概括,完成练习三		
第二 次课 / 第四课时 (第六课 阅读二)		新课导入	1. 医学专业词汇讲解 2. 速读,完成练习一 3. 细读,完成练习二 4. 总结概括,完成练习三	如何做到 合理膳食	第六课 综合练习

七、教学步骤

第一课时

(一)导入

1. 相关医学知识复习

(1)我们已经学过人体必需的营养素有六种,大家还记得是哪六种吗?

(2)看 PPT 图片,下列食物富含哪种营养素?

提供大豆、肉、橘子、巧克力、矿泉水等图片。

2. 导入新课

我们都知道水对人体非常重要,可是什么样的水才是健康的水呢? 如果你渴了,你一

般会选择喝什么?(PPT 图示选项)

提供可乐、矿泉水、咖啡、茶的图片。

(二)医学专业生词学习

1. 教师领读医学专业词汇;学生单个读;纠音。

2. 结合学生已掌握的相关医学知识简单解释生词。

3. PPT 图示生词:龋齿、牙周炎。

(三)快速阅读训练

1. 阅读练习的题目。

教师要求学生先用 1 分钟左右的时间看一下练习二"根据课文内容判断正误"的题目,然后带着问题阅读材料,以便学生能够有的放矢,提高阅读的速度和效率。

2. 快速阅读课文。

教师要求学生对课文进行快速略读,重点看与练习中五个句子内容相关的部分,抓住核心句子。

3. 完成练习。

快速阅读结束后,要求学生对练习中的五个句子迅速作出正误判断。

4. 订正答案。

教师让学生说出自己的答案,每个学生做一题。如果学生做错了,教师带领学生找到关键的点,解释学生错误的原因并给出正确答案。

(四)细读训练

1. 阅读练习的题目。

教师要求学生先看练习一的问题,然后带着问题阅读课文,以培养学生先看问题后看阅读材料的阅读习惯和答题技巧。

2. 细读课文。

在把握文章基本结构的前提下,要求学生重点阅读课文中与课后问题相关的细节。训练学生根据构词法、单个语素、上下文语境正确理解新词语的意思的能力;跳越阅读障碍抓住核心句子,快速理解课文大意的能力;分清句子,理清细节的能力。

3. 完成练习。

学生在仔细阅读之后,完成练习一"根据课文内容选择正确答案"。

4. 订正答案。

教师让学生说出答案,每人做一题,并说明选择的依据。如果学生给出的答案不正确,教师引导学生找出与问题相关的课文内容,读懂细节,得出正确答案。

(五)总结概括能力训练

在学生充分理解课文的基础上,教师引导学生分析文章的结构,归纳概括课文的主要内容,并完成课后练习三"根据课文内容回答问题"。

第二课时

（一）导入

你知道哪些维生素？它们分别有什么作用？

（二）医学专业生词学习

1. 教师领读医学专业词汇；学生单个读；纠音。

2. 结合学生已掌握的相关医学知识简单解释生词。

3. PPT 图示生词：视网膜。

（三）快速阅读训练

1. 阅读练习的题目。

教师要求学生先用 1 分钟左右的时间看一下练习二"根据课文内容判断正误"的题目，然后带着问题阅读材料，以便学生能够有的放矢，提高阅读的速度和效率。

2. 快速阅读课文。

教师要求学生对课文进行快速略读，重点看与练习中五个句子内容相关的部分，抓住核心句子。

3. 完成练习。

快速阅读结束后，要求学生对练习中的五个句子迅速作出正误判断。

4. 订正答案。

教师让学生说出自己的答案，每个学生做一题。如果学生做错了，教师带领学生找到关键的点，解释学生错误的原因并给出正确答案。

（四）细读训练

1. 阅读练习的题目。

教师要求学生先看练习一的问题，然后带着问题阅读课文，以培养学生先看问题后看阅读材料的阅读习惯和答题技巧。

2. 细读课文。

在把握文章基本结构的前提下，要求学生重点阅读课文中与课后问题相关的细节。训练学生根据构词法、单个语素义、上下文语境正确理解新词语的意思的能力；跳越阅读障碍抓住核心句子，快速理解课文大意的能力；分清句子，理清细节的能力。

3. 完成练习。

学生仔细阅读课文之后，完成练习一"为下列词语选择正确的解释"和练习三"根据课文内容填表"。

4. 订正答案。

教师让学生说出答案，每人做一题。如果学生给出的答案不正确，教师引导学生找出与问题相关的课文内容，读懂细节，得出正确答案。

（五）医学知识总结

1. 水、维生素的重要作用。

2. 缺乏水、维生素的危害。

3. 如何补充水、维生素。

教师以问题的形式提出，启发学生归纳概括，完成医学知识的总结。

（六）布置作业

第五课综合练习

第三课时

（一）导入

1. "三高"指的是什么？有什么危害？什么样的人容易得"三高"？

2. 吃肉好不好？你喜欢吃肉吗？

教师引导学生讨论上述问题，在复习旧知识的基础上引出新课。

（二）医学专业生词学习

1. 教师领读医学专业词汇；学生单个读；纠音。

2. 结合学生已掌握的相关医学知识简单解释生词。

（三）快速阅读训练

1. 阅读练习的题目。

教师要求学生先用1分钟左右的时间看一下练习二"根据课文内容填空"的题目，然后带着问题阅读课文，以便学生能够有的放矢，提高阅读的速度和效率。

2. 快速阅读课文。

教师要求学生对课文进行快速略读，重点看与练习中五个句子内容相关的部分，抓住核心句子。

3. 完成练习。

快速阅读结束后，学生完成练习。

4. 订正答案。

教师让学生说出自己的答案，每人做一题。如果学生做错了，教师带领学生找到关键的点，解释学生错误的原因并给出正确答案。

（四）细读训练

1. 阅读练习的题目。

教师要求学生先看问题，然后带着问题阅读课文，以培养学生先看问题后看阅读材料的阅读习惯和答题技巧。

2. 细读课文。

在把握文章基本结构的前提下,要求学生重点阅读课文中与课后问题相关的细节。训练学生根据构词法、单个语素义、上下文语境正确理解新词语的意思的能力;跳越阅读障碍抓住核心句子,快速理解课文大意的能力;分清句子,理清细节的能力。

3. 完成练习。

学生仔细阅读课文之后,完成练习一"根据课文内容判断正误"。

4. 订正答案。

教师让学生说出答案,每人做一题,并说明判断的依据。如果学生给出的答案不正确,教师引导学生找出与问题相关的课文内容,读懂细节,得出正确答案。

(五)总结概括能力训练

在学生充分理解课文的基础上,教师引导学生分析文章的结构,归纳概括课文的主要内容,并完成课后练习三"根据课文内容回答问题"。

第四课时

(一)导入

PPT 展示袋装盐的图片。

我们每天都要摄入食盐,如果你去超市的话,能看到不同的盐。很多同学都知道有加碘盐,它可以预防地方性甲状腺肿。什么是低钠盐呢? 食用它有什么好处?

(二)医学专业生词学习

1. 教师领读医学专业词汇;学生单个读;纠音。
2. 结合学生已掌握的相关医学知识简单解释生词。

(三)快速阅读训练

1. 阅读练习的题目。

教师要求学生先用 1 分钟左右的时间看一下练习一"为下列词语选择正确的解释"中的生词,然后迅速在课文中找到该词语。

2. 快速阅读课文。

学生在课文中找到相应的词语后,阅读相应的句子及上下文,正确理解这些新词语的意思。

3. 完成练习。

快速阅读结束后,完成练习。

4. 订正答案。

教师让学生说出自己的答案,每人做一题。如果学生做错了,教师带领学生找到相应的句子,解释学生错误的原因并给出正确答案。

（四）细读训练

1. 阅读练习的题目。

教师要求学生先看问题,然后带着问题阅读课文,以培养学生先看问题后看阅读材料的阅读习惯和答题技巧。

2. 细读课文。

在把握文章基本结构的前提下,要求学生重点阅读课文中与课后问题相关的细节。训练学生根据构词法、单个语素义、上下文语境正确理解新词语的意思的能力;跳越阅读障碍抓住核心句子,快速理解课文大意的能力;分清句子,理清细节的能力。

3. 完成练习。

学生仔细阅读课文之后,做练习二"根据课文内容选择正确答案"。

4. 订正答案。

教师让学生说出答案,每人做一题,并说明选择的依据。如果学生给出的答案不正确,教师引导学生找出与问题相关的课文内容,读懂细节,得出正确答案。

（五）总结概括能力训练

在学生充分理解课文的基础上,教师引导学生分析文章的结构,归纳概括课文的主要内容,并完成课后练习三"根据课文内容回答问题"。

（六）医学知识总结

1. 应该如何合理食荤?

2. 为什么要限盐?

教师以问题的形式提出,启发学生归纳概括,完成医学知识的总结,让学生认识到合理膳食的重要性。

（七）布置作业

第六课综合练习

第三单元
青春期——生殖系统的快速发育期

一、教学目标

1. 巩固男性、女性生殖系统发育方面的医学知识。

2. 巩固并扩充有关生殖系统、青春期第二性征方面的医学专业词汇。

3. 认识并了解"青春期综合征"以及青春期人群的心理特点。

4. 了解青春期人群所需的营养物质和青春期人群的饮食特征。

5. 帮助学生正视青春期生理和心理的变化,树立正确的青春期意识,增强学生的青春期自我认同感。

6. 训练并提高学生速读、抓阅读材料的重点、跨越阅读材料中的词汇障碍等阅读能力。

二、教学内容

1. 44 个医学专业生词

2. 4 篇课文

3. 相关阅读练习

4. 生殖系统发育方面的医学知识总结

三、教学重点及难点

1. 4 篇课文的阅读和理解

2. 生殖系统发育方面的医学知识总结

四、教学方法

1. 课堂教学按照"医学专业生词—阅读课文—练习"的顺序,循序渐进。从班级讨论阅读前思考题开始,逐步进入课文的全面理解。

2. 使用图片、计算机多媒体辅助教学。

3. 设计快速阅读与深入理解课文的分块式教学模式,并进行具有针对性的练习。

4. 讲练结合,精讲多练,讲练后进行总结。

五、教具

图片、多媒体课件

六、课时安排

本单元教学共安排 4 课时,每课时 45 分钟。

课时 \ 教学内容及时间	课前思考	阅读理解与练习	综合练习	医学知识总结
第一课时 处理第一课 阅读一	新课导入 (6 分钟)	1. 医学专业词汇讲解(8 分钟) 2. 完成练习一(8 分钟) 3. 完成练习二(15 分钟) 4. 完成练习三(8 分钟)		
第二课时 处理第一课 阅读二	新课导入 (3 分钟)	1. 医学专业词汇讲解(8 分钟) 2. 完成练习一(8 分钟) 3. 完成练习二(15 分钟) 4. 完成练习三(5 分钟)	第一课内容 小结与练习 (6 分钟)	
第三课时 处理第二课 阅读一	新课导入 (6 分钟)	1. 医学专业词汇讲解(8 分钟) 2. 完成练习一(8 分钟) 3. 完成练习二(15 分钟) 4. 完成练习三(8 分钟)		
第四课时 处理第二课 阅读二	新课导入 (3 分钟)	1. 医学专业词汇讲解(4 分钟) 2. 完成练习一(7 分钟) 3. 完成练习二(12 分钟) 4. 完成练习三(4 分钟)	第二课内容 小结与练习 (5 分钟)	本单元医学 知识总结 (10 分钟)

七、教学步骤

第一课时

(一)导入

PPT 出示一组图片:一个小女孩儿和一个成熟女性。

同学们看这两张图片,小女孩儿和成熟女性之间在生理表现上有什么不同之处?

小女孩儿和成熟女性之间在形体上存在着很大的差别,最为突出的一点是女性成熟后胸部会隆起,突出出来。那么女性是在什么时期开始出现这些新的生理变化的呢?

对,女孩子在十二三岁开始出现了这些生理变化,此时女孩儿已经进入到了青春期。今天我们就一起来看看青春期女孩儿的生理和心理变化。

（二）医学专业生词学习

1. 教师领读医学专业词汇;学生单个读;纠音。

2. 教师要求学生结合维文翻译理解医学专业词汇。

（学生在《提高篇》中已经学过并掌握了一部分有关女性生殖系统发育的医学专业词汇,这里设计词汇学习环节主要是为了扫清学生在阅读课文过程中的医学专业词汇障碍,从而使学生能更为顺畅地阅读课文,理解课文的主要内容。此环节主要以教师领读,学生参考维文翻译以及教师适当讲解为主,不做过多的生词用法练习。）

（三）快速阅读训练

1. 阅读练习的题目。

教师要求学生先用 1 分钟左右的时间读一下练习一"根据课文内容,判断正误"的句子,然后再阅读课文,以培养学生先看问题后看阅读材料的阅读习惯和答题技巧。

2. 快速阅读课文。

教师要求学生对课文进行快速阅读,重点看与练习一中五个句子内容相关的部分,抓住判断正误的关键点。

阅读一的篇幅为 1124 个字,教师要求学生进行限时阅读,限时 5 分半到 6 分钟。

3. 判断正误。

限时阅读结束后,要求学生对练习一的五个句子迅速作出正误判断。

4. 订正答案。

教师让学生说出答案,并讲清理由,每人做一题。学生做对,并找到了作出判断的关键点,该题即过;学生做错,教师带领学生找到关键点,并给出正确答案。

（四）课文深入理解

1. 阅读练习的题目。

教师要求学生先看练习二的问题,读懂问题,然后带着问题阅读课文。培养学生边读边思考的阅读习惯,提高学生有目的、有针对性阅读课文的能力。

2. 深入理解课文。

教师要求学生重点理解课文中与练习二的问题相关的细节。训练学生抓阅读重点,跨越阅读障碍,理清文章结构,利用上下文协助理解的能力。

教师给学生足够的时间进行细致阅读。根据阅读一的篇幅,给时 10 分钟。

3. 完成练习。

学生深入理解课文之后,完成课后练习二"根据课文内容,选择正确答案"。

4. 订正答案。

教师让学生说出答案,并说明选择的依据,每人做一题。如果学生给出的答案不正确,教师引导学生作出正确选择,并讲清理由。

（五）重点内容提炼

阅读一《女孩儿，请你挺起胸》的重点内容为女性乳房发育的时间和各部位的生理变化以及青春期女孩儿及时戴胸罩的益处。教师在学生完全理解课文内容后，引导学生提炼课文主要内容，并指导学生完成练习三"根据课文填空"。

第二课时

（一）导入

PPT 出示一组图片：一个小男孩儿与一个成年男性，后者突出喉结和胡须。

同学们看这两张图片，小男孩和成熟男性之间在生理表现上有什么不同之处？

小男孩儿和成熟男性之间在形体上存在着很大的差别，最为突出的是男性成熟后长出胡须，喉结突出。那么男性是在什么时期开始出现这些新的生理变化的？

男孩子在十四五岁开始出现了这些生理变化，此时男孩儿也进入到了青春期。今天我们就一起来看看青春期男孩儿的生理和心理变化。

（二）医学专业生词学习

1. 教师领读医学专业词汇；学生单个读；纠音。
2. 教师要求学生结合维文翻译理解医学专业词汇。

（三）快速阅读训练

此教学环节的具体教学步骤基本与第一课时的快速阅读训练的教学步骤相同。

（四）课文深入理解

此教学环节的具体教学步骤基本与第一课时的课文深入理解的教学步骤相同。

（五）重点词语理解

教师要求学生在完全理解课文的基础上，对一些高级词和俗语进行词义连线，正确掌握它们的意义。

（课文中除了医学专业词汇外，还埋着一些较高级的词和俗语等。一般来讲，学生在完成课后练习时，通过上下文的帮助可以理解这些词语的意义。这些词语是教材设计时设置的阅读障碍，学生跳过了这些词也完全可以做好课后练习。此处的练习是为了扩充学生的词汇量，专门把这些词语挑出来，帮助学生进一步理解和记忆。）

（六）综合练习

1. 填表练习。

教师要求学生在理解课文内容的基础上，对女孩儿胸部发育过程和男孩儿性生理成熟的相关内容进行概括性总结，将其条理清晰地填入表格。

2. 回答问题。

教师针对阅读一和阅读二的内容提问,学生齐答或者个别学生回答。

3. 分组讨论,并写书面报告。

如果有时间,教师可以在班上组织学生进行分组讨论。如果时间不允许,教师可以将其作为作业布置给学生,要求学生在课下进行小组合作学习,在分组讨论的基础上,完成书面报告,训练学生的书面写作能力。

(七)布置作业

1. 复习阅读一与阅读二的主要内容。

2. 完成书面报告。

第三课时

(一)导入

PPT 依次闪现以下问题:

1. 男孩儿女孩儿进入青春期后,因为生理变化而带来的心理问题有哪些?

2. 我们应该如何解决这些心理问题?

3. 在这个过程中,青春期男孩儿女孩儿需要哪些方面的帮助?

教师通过问题启发学生对与课文相关的话题进行讨论,为学生进入阅读情境作好铺垫。

(二)医学专业生词学习

1. 教师领读医学专业词汇;学生单个读;纠音。

2. 教师要求学生结合维文翻译理解医学专业词汇。

(三)快速阅读训练

此教学环节的具体教学步骤基本与第一课时的快速阅读训练的教学步骤相同,唯一的区别在于本篇课文篇幅略短,因此限时 5 分钟。

(四)课文深入理解

此教学环节的具体教学步骤基本与第一课时的课文深入理解的教学步骤相同,唯一的区别在于本篇课文篇幅略短,因此给时 9 分钟。

(五)重点词语理解

此教学环节的具体教学步骤与第二课时的重点词语理解的教学步骤相同。

第四课时

（一）导入

人体所需的六大营养素是什么？我们获取六大营养素的主要途径是什么？

日常饮食对我们来说非常重要。男孩儿女孩儿进入青春期后，身体迎来生长发育的第二高峰。在这个时期，人体需要的营养要素与之前有什么不同？少男少女应该在饮食上注意哪些问题？

（二）医学专业生词学习

1. 教师领读医学专业词汇；学生单个读；纠音。

2. 教师要求学生结合维文翻译理解医学专业词汇。

（三）快速阅读训练

此教学环节的具体教学步骤基本与第一课时的快速阅读训练的教学步骤相同，唯一的区别在于本篇课文篇幅略长，因此限时6分钟。

（四）课文深入理解

此教学环节的具体教学步骤基本与第一课时的课文深入理解的教学步骤相同，唯一的区别在于本篇课文篇幅略长，因此给时10分钟。

（五）重点内容提炼

此教学环节的具体教学步骤与第一课时的重点内容提炼的教学步骤相同。

（六）综合练习

1. 回答问题。

教师针对阅读一和阅读二的内容提问，学生齐答或者个别学生回答。

2. 分组讨论，并写书面报告。

如果有时间，教师可以在班上组织学生进行分组讨论。如果时间不允许，教师可以将其作为作业布置给学生，要求学生在课下进行小组合作学习，在分组讨论的基础上，完成书面报告，训练学生的书面写作能力。

（七）医学知识总结

1. 教师带领学生复习人体生殖系统发育与生理变化等方面的医学专业知识。此时既要结合本单元的课文内容，也要注意回顾《提高篇》中所学的相关医学知识。

2. 引导学生完成图表的填写。帮助学生在复习与回顾了医学知识的基础上，填写表中所列的男性女性青春期生殖器官发育变化情况。

（八）布置作业

1. 复习人类生殖系统的医学知识。

2. 预习第四单元第一课的生词。

练习参考答案

第一课　认识您很高兴

四、根据拼音选择正确的汉字

1. A　　　2. A　　　3. A　　　4. B　　　5. B　　　6. B

五、选择正确的位置

1. D　　　2. B　　　3. B　　　4. B　　　5. D　　　6. D

七、把下列词语组合成语序正确的句子

1. 我不是巴哈尔。　　　　　2. 他也是汉语老师。
3. 我们都学习汉语。　　　　4. 我们不是同学。
5. 你也学习汉语吗?　　　　6. 你叫什么名字?

第二课　你去哪儿

五、根据拼音选择正确的汉字

1. A　　　2. B　　　3. A　　　4. B　　　5. B　　　6. A

六、比较词语,并选择填空

1. 哪儿　　2. 谁　　3. 什么时候　4. 您　　5. 哪儿　　6. 谁

七、对画线部分提问

1. 你去哪儿?　　　　　　　2. 他是哪里人?
3. 他是谁?　　　　　　　　4. 你们什么时候上课?
5. 谁找我?　　　　　　　　6. 你叫什么名字?

第三课　我们的学校

四、根据拼音选择正确的汉字

1. A　　　2. B　　　3. B　　　4. A　　　5. B　　　6. A

五、读下面的数字并用汉字写出来

十九　　　　　　　二百一十五 / 两百一十五　　　　二百零一 / 两百零一

三千零一十一　　　二千零八 / 两千零八　　　　　　八千七百八十九

二十五万八千　　　　七万五千零二十四　　　　六万七千零九十八

六、比较词语,并选择填空

1. 两　　　2. 二　　　3. 几　　　4. 多少　　　5. 栋　　　6. 漂亮

七、选择正确的位置

1. B　　　2. B　　　3. D　　　4. D　　　5. C　　　6. B

八、对画线部分提问

1. 你们学校有多少个学生?
2. 图书馆在哪儿?
3. 这儿是什么地方?
4. 你喜欢吃水果吗?
5. 你有几本汉语书?
6. 这是谁的学校?

第四课　我想开一个生日晚会

四、根据汉字选择正确的拼音

1. A　　　2. A　　　3. B　　　4. B　　　5. A　　　6. B

五、根据拼音选择正确的汉字

1. A　　　2. B　　　3. A　　　4. A　　　5. B　　　6. B

六、选择正确的位置

1. A　　　2. C　　　3. A　　　4. D　　　5. D　　　6. C

七、把下列词语组合成语序正确的句子

1. 今天不是星期六。
2. 明天 2010 年 3 月 17 日星期三。
3. 我不想吃水果。
4. 祝你生日快乐。
5. 我也要吃长寿面。
6. 我想参加晚会,你呢?

八、根据课文内容填空

1. 1995 年 10 月 8 号　　　开一个生日晚会　　　她的房间
2. 参加　　　长寿面　　　长寿面　　　唱生日歌,吃蛋糕

第五课　该起床了

二、根据汉字选择正确的拼音

　　1. A　　　　2. A　　　　3. B　　　　4. A　　　　5. A　　　　6. B

三、根据拼音选择正确的汉字

　　1. B　　　　2. B　　　　3. A　　　　4. A　　　　5. B　　　　6. B

四、用汉语读出下面的时间并写下来

　　八点　　　　　　　　　　十二点　　　　　　　　　　下午两点一刻 / 十四点一刻

　　下午四点半 / 十六点半　　下午四点四十 / 十六点四十　　九点零八分

　　晚上八点四十五 / 差一刻二十一点 / 二十点四十五

　　十一点五十八 / 差两分十二点　　十点三十五

五、选择合适的词语填空

　　1. 头疼　　　　　　　2. 风景很漂亮　　　　3. 学习很忙

　　4. 水果非常好吃　　　5. 发音很难　　　　　6. 学生很多

六、用正反问句提问并回答

　　1. A:你们学校大不大?　　　　　B:我们学校很大。/ 我们学校不大。

　　2. A:你妈妈忙不忙?　　　　　　B:我妈妈很忙。/ 我妈妈不忙。

　　3. A:这种水果好不好吃?　　　　B:这种水果很好吃。/ 这种水果不好吃。

　　4. A:你参加不参加考试?　　　　B:我参加考试。/ 我不参加考试。

　　5. A:你去不去上课?　　　　　　B:我去上课。/ 我不去上课。

　　6. A:你做不做作业?　　　　　　B:我做作业。/ 我不做作业。

七、把下列词语组合成语序正确的句子

　　1. 你喜欢学习汉语吗?

　　2. 你先去教室吧。

　　3. 你吃不吃早饭?

　　4. 我每天早上九点起床。

　　5. 汉语语法不太难。

　　6. 你现在饿不饿?

第六课　去医院怎么走

二、根据汉字选择正确的拼音

　　1. B　　　　2. A　　　　3. A　　　　4. B　　　　5. B　　　　6. A

三、根据拼音选择正确的汉字

　　1. B　　　　2. B　　　　3. A　　　　4. A　　　　5. B　　　　6. A

五、选择合适的词语填空

　　1. 多大　　2. 多长时间　3. 多高　　4. 多远　　5. 多长　　6. 多大

六、选择正确答案

　　1. A　　　　2. C　　　　3. B　　　　4. D　　　　5. A　　　　6. C

七、改正下面句子中的错误

　　1. 我们的教室在前边。　　　　　　2. 食堂在图书馆的旁边。

　　3. 前面的教学楼是教学一楼。　　　4. 医院离我们学校不太远。

　　5. 我们的学校在巴州。　　　　　　6. 校医院在图书馆对面。

八、把下列词语组合成语序正确的句子

　　1. 食堂在教学一楼前边。/ 教学一楼在食堂前边。

　　2. 图书馆西边有一座教学楼。

　　3. 医院离这儿很远。

　　4. 我也要去前边的车站。

　　5. 前边的人是我同学。

　　6. 去第一人民医院怎么走？

九、根据课文内容填空

　　1. 乌鲁木齐市第一人民医院　　往东走　　一座红色的大楼　　大楼对面

　　2. 眼睛疼　　一个眼科（的号）　　病历卡　　病历卡　　挂号费

十、找出下面每组汉字中结构不同的一个

　　1. 学　　2. 床　　3. 早　　4. 快　　5. 谢　　6. 意

第七课　您要买点儿什么

二、根据拼音选择正确的汉字

　　1. B　　　　2. A　　　　3. A　　　　4. B　　　　5. A　　　　6. A

三、读出下面的钱数并用汉字写出来

　　二十元零五角 / 二十块零五毛　　　　　　　五分

　　三百八十五元零七角 / 三百八十五块七　　　二十二元二角二分 / 二十二块两毛二

　　一元七角八分 / 一块七毛八　　　　　　　　十三元零五分 / 十三块零五分

　　一百八十元零五角 / 一百八十块零五毛　　　两千元 / 两千块

　　六十五元零八角 / 六十五块八

四、填上合适的量词

张　　本　　台　　片/块　　片　　个　　辆　　件　　支

五、比较词语，并选择填空

1. 一点儿　　2. 一点儿　　3. 有点儿　　4. 或者　　5. 还是　　6. 还是

六、选择正确的位置

1. C　　2. B　　3. C　　4. C　　5. B　　6. C

七、改正下列句子中的错误

1. 我们学校有五座教学楼。　　2. 这种蛋糕九十八块钱。

3. 我有一点儿饿，我想吃午饭。　　4. 你要买苹果还是葡萄？

5. 太贵了，便宜一点儿，好吗？　　6. 晚上我复习课文或者预习生词。

八、完成下列对话（答案不唯一）

1. 买苹果还是葡萄　　2. 我今天的作业有点儿　　3. 怎么吃

4. 有点儿　　5.（学习汉语）有点儿难　　6. 中药或者西药

九、根据课文内容填空

1. 九块　　两公斤　　两公斤　　五块　　二十八块

2. 嗓子　　退烧药　　感冒药　　效果都很好　　一共

第八课　天天锻炼身体好

二、根据汉字选择正确的拼音

1. B　　2. A　　3. A　　4. A　　5. A　　6. B

四、读下列词语并选择填空

1. 休息休息　　2. 量一量　　3. 听听

4. 参观参观　　5. 学学　　6. 锻炼锻炼

五、选择正确的位置

1. C　　2. B　　3. A　　4. C　　5. C　　6. B

六、选择正确答案

1. D　　2. C　　3. C　　4. B　　5. B　　6. A

七、改正下列句子中的错误

1. 下星期六我要举行一个生日晚会。

2. 我去体育馆锻炼身体了。

3. 我昨天没做作业。

4. 我常常在宿舍看书。

5. 我昨天没跟古丽一起去看电影。

6. 我已经会游泳了。

八、把下列词语组合成语序正确的句子

1. 他已经会说汉语了。

2. 我对运动非常感兴趣。

3. 周末我们想举行一场比赛。

4. 我能参加你的生日晚会。

5. 今天我们谈谈自己的爱好。

6. 我想去操场锻炼锻炼身体。

十、改正下列词语中的错别字

体→休	牛→午	工→公
未→末	真→直	早→果
使→便	昌→冒	练→炼

第九课　你在干什么呢

二、根据汉字选择正确的拼音

1. B　　2. B　　3. A　　4. A　　5. B　　6. B

四、给下列词语连线

在体育馆　　　读报纸 / 读书　　　　　骑自行车

打电话　　　　借书 / 借报纸（借足球、借电话、借自行车也可以）　　　踢足球

五、选择正确的位置

1. B　　2. D　　3. C　　4. B　　5. B　　6. A

七、改正下列句子中的错误

1. 上课的时候, 我没有听音乐。

2. 他觉得很不舒服。

3. 你打电话的时候, 我正在写作业。 / 你打电话的时候, 我没有写作业。

4. 我正在医院看病。

5. 周末我常常在房间里睡觉。

6. 他正要去图书馆。

八、把下列词语组合成语序正确的句子

1. 我在学校食堂吃饭呢。

2. 他现在正在图书馆看书。

3. 吃饭的时候他在房间听音乐。

4. 我要送给朋友一件生日礼物。

5. 我在病房给爷爷读报纸呢。

6. 古丽正在给妈妈打电话呢。

十、改正下列句子中的错别字

1. 侯→候　　2. 斯→期　　3. 现→观　　4. 夏→复　　5. 缎→锻　　6. 是→匙

第十课　妈妈要来学校看我

二、根据汉字选择正确的拼音

1. A　　　　2. B　　　　3. A　　　　4. A　　　　5. B　　　　6. A

四、比较词语并选择填空

1. 离　　　　2. 从　　　　3. 离　　　　4. 从　　　　5. 往　　　　6. 到

五、选择合适的词语填空

1. 看　　　　2. 串　　　　3. 只好　　　　4. 正好　　　　5. 得　　　　6. 跟

六、选择正确的位置

1. D　　　　2. C　　　　3. C　　　　4. B　　　　5. D　　　　6. B

七、改正下列句子中的错误

1. 我要去火车站接我妈妈。　　　　2. 火车站离这儿不太远。

3. 我想给朋友送一件礼物。/ 我想送给朋友一件礼物。

4. 王老师教我们汉语。　　　　5. 我告诉你一件事。

6. 明天上午我想骑自行车去教室。

八、把下列词语组合成语序正确的句子

1. 他借图书馆三本书。

2. 我给朋友带一点儿水果。/ 朋友给我带一点儿水果。

3. 我们明天坐飞机去北京。　　　　4. 我想去商店买东西。

5. 书店离这儿只有三百米。　　　　6. 我们上午十点从乌鲁木齐出发。

十、改正下列句子中的错别字

1. 烤→烧　　2. 情→请　　3. 俄→饿　　4. 惕→踢　　5. 准→难　　6. 垃→拉

第十一课　我还不太习惯住校生活

三、给下列词语连线

打扫得很干净　　　　收拾得很整齐　　　　听得很认真

休息得很好　　　　走得很慢　　　　唱得好听

写得漂亮　　　　玩儿得高兴

四、选择合适的词语填空

  1. 着急   2. 表扬   3. 批评   4. 准备

  5. 好处   6. 照顾   7. 平时   8. 习惯

五、选择正确的位置

  1. D   2. B   3. C   4. D

  5. A   6. B   7. A   8. B

六、判断对错并改正错误的句子

  1. ×　他(洗)衣服洗得很干净。   2. √

  3. ×　他足球踢得不好。   4. ×　他自行车骑得很快。

  5. √   6. √

  7. ×　我昨天跟朋友一起去看电影了。 8. ×　要是明天下雨,我们就不举行比赛。

七、用所给词语和"得"完成句子

  1. 走得太快   2. 住得很舒服

  3. 起得很晚   4. 玩儿得好不好

  5. 说得很流利   6. 做得很好吃

  7. 回答得对不对   8. 开得很快

八、把下列词语组合成语序正确的句子

  1. 妈妈送我一辆自行车。

  2. 我要回房间拿口语书。

  3. 我们今天玩儿得特别高兴。

  4. 他们的房间收拾得很干净。

  5. 你汉语说得好不好?

  6. 我得给妈妈回一个电话。

九、根据课文内容填空

  1. 惯 紧 扫 整 表

  2. 检 乱 养 始 受

十、给下面的汉字加上一笔变成另一个汉字

  头:买   牛:生   休:体

  大:天、木   木:未、末、本、禾   问:间

  口:中、日   日:目、白、旧   鸟:鸟

第十二课　萨比尔今天怎么又没来上课

三、比较词语,并选择填空

1. 再　　2. 再　　3. 又　　4. 又
5. 又　　6. 还是　　7. 顺便　　8. 恢复

四、选择合适的词语填空

1. 成功　　2. 复发　　3. 突然　　4. 担心
5. 厉害　　6. 比较　　7. 严重　　8. 保持

五、选择正确的位置

1. D　　2. D　　3. B　　4. D　　5. B　　6. D　　7. B　　8. B

六、判断对错并改正错误的句子

1. × 她生病了,昨天我去看她了。
2. × 昨天的作业我还没有做。
3. √
4. × 我昨天晚上做完作业就睡觉了。
5. × 明天下午我们下了课就去踢足球。
6. × 因为明天是妈妈的生日,所以我要给她买一件礼物。
7. √
8. × 你昨天做手术了吗? / 你昨天做没做手术?

七、完成对话(答案不唯一)

1. 我昨天去看萨比尔了
　　他正在写作业呢
2. 星期日你们做什么了
　　去商店买东西了
3. 我没有去超市
　　你去哪儿了
4. 这不是我的衣服
　　那件红色的衣服是我的
5. 大一点儿的
　　红的　　黄的
6. 吃了早饭
　　水果吃得太多了　　晚上拉肚子了

八、把下列词语组合成语序正确的句子

1. 昨天下午我去书店买书了。
2. 他还没有做手术呢。
3. 因为她病了,所以没有来上课。

4. 我吃了早饭就去教室。

5. 我以前常常参加足球比赛。

6. 我要去超市买一点儿吃的。

九、根据课文内容填空

1. 做　染　液　再　院

2. 发　呕　得　术　体

十、给下面的汉字加上两笔变成另一个汉字

干：玉、平　　　　天：关　　　　　大：头、失

人：太、天、犬、夫　令：冷　　　　山：仙

立：位　　　　　口：白、囚、电、由、甲、申　力：为、办

第十三课　保护新牙齿

三、比较词语，并选择填空

1. 就　　2. 才　　3. 就　　4. 就

5. 才　　6. 敢　　7. 愿意　　8. 必须

四、选择合适的词语填空

1. 认为　　2. 其实　　3. 引起　　4. 及时

5. 怎么　　6. 危害　　7. 最近　　8. 好好儿

五、选择正确答案

1. A　　2. B　　3. B　　4. C　　5. D　　6. C　　7. D　　8. A

七、判断对错并改正错误的句子

1. × 我以前没有学习过汉语。

2. √

3. × 你们平时一定要多吃水果。

4. × 虽然我喜欢吃水果，但是我不常买水果。

5. √

6. × 他不敢开车，我也不敢。

7. × 昨天我们起了床就去火车站了。

8. × 我弟弟已经换新牙了。

八、用所给词语完成句子或对话（答案不唯一）

1. 但是很漂亮　　　　　2. 天气凉了

3. 虽然我很想去　　　　4. 就别去了

5. 你怎么才来　　　　　6. 早上 8 点就出发

7. 我 12 点才起床　　　8. 你已经长大了

九、根据课文内容填空

1. 疼　意　病　危　疾
2. 蛀　洁　该　齿

第十四课　今天的化学课你听懂了吗

三、选择合适的结果补语填空

1. 好　　2. 错　　3. 住　　4. 完　　5. 懂　　6. 给　　7. 开　　8. 到

四、选择正确的位置

1. B　　2. B　　3. A　　4. C　　5. C　　6. B　　7. B　　8. C

五、选择正确答案

1. C　　2. A　　3. C　　4. B　　5. D　　6. D　　7. C　　8. C

六、判断对错并改正错误的句子

1. × 星期天我吃完早饭就去看父母。
2. × 请你看完这本书以后马上还给我。
3. × 今天的化学课不但有用,而且很有意思。
4. √
5. × 不但我学习汉语,而且我妹妹也学习汉语。
6. √
7. √
8. × 这课的语法你听懂了没有?

七、完成对话或句子(答案不唯一)

1. 都做对了吗
　　对　　做错
2. 这本书太难了
3. 我们班的同学都参加了晚会
4. 就开始做作业
5. 就常常咳嗽
6. 不但喜欢踢足球
7. 不但会说汉语
8. 但是唱得不太好

八、把下列词语组合成语序正确的句子

1. 今天的化学课你听懂了?
2. 我一下课就去吃饭。
3. 他一回宿舍就做作业。

4. 他不但会唱歌,而且会跳舞。

5. 你应该记住这些化学分子式。/ 这些化学分子式你应该记住。

6. 这次考试我没有考好。

九、根据课文内容填空

1. 趣　要　生　明　符

2. 着　错　绩　补　谢　证

十、用下列部件组合汉字(答案不唯一)

课　措　客　付　提　错　时　讨　宋

钱　汉　床　草　浅　借　对　村

第十五课　"小"感冒引起"大"心病

三、给下列词语连线

1. 检查身体　　2. 侵入心脏　　3. 参加运动　　4. 打喷嚏

5. 流鼻涕　　　6. 看画展　　　7. 戴口罩　　　8. 引起疾病

四、比较词语,并选择填空

1. 带　2. 戴　3. 及时　4. 随便　5. 剧烈　6. 地　7. 的　8. 就要

五、选择正确的位置

1. D　　2. C　　3. D　　4. A　　5. D　　6. C　　7. C　　8. C

六、判断对错并改正错误的句子

1. × 下星期我们就要换老师了。

2. × 火车三点钟就要出发了。

3. √

4. √

5. √

6. × 他周末有时候跟朋友一起打球,有时候在房间休息。

7. × 听说妈妈要来看她,她高兴地笑了。

8. √

七、用所给词语完成句子

1. 国庆节快要到了

2. 快看完了

3. 有时候跟朋友一起打球,有时候在房间休息

4. 妈妈就要来了

5. 因为他经常锻炼

6. 不停地打喷嚏

7. 该吃饭了
8. 别去打球了

八、把下列词语组合成语序正确的句子

1. 我妈妈要来学校看我了。
2. 我们后天就要考试了。
3. 你会慢慢地习惯这里的生活。
4. 他痛苦地躺在地上。
5. 严重的感冒可能引发心肌炎。
6. 他一生病就去医院。

九、根据课文内容填空

1. 得　随　危　毒　治
2. 假　想　冒　担心　状　症

第十六课　你能帮我一个忙吗

二、比较词语，并选择填空

1. 不　　2. 没　　3. 没 不 4. 不　　5. 没　　6. 不　　7. 不　　8. 没

三、选择合适的词语填空

1. 约　　2. 厉害　3. 规律　4. 化验　5. 建议　6. 陪　　7. 适度　8. 觉得

四、选择正确的位置

1. A　　2. B　　3. B　　4. C　　5. B　　6. B　　7. B　　8. C

五、判断对错并改正错误的句子

1. × 他去游泳馆游了两个小时的泳。
2. × 我们散完了步就去教室学习。
3. √
4. × 他中学毕业以后就去了乌鲁木齐。
5. √
6. × 我们班有二十四五个学生。
7. × 爸爸今年四十多岁。
8. √

六、用概数改写下面的句子

1. 这件衣服二百多块钱。
2. 苹果才几毛钱一斤。
3. 这些东西一共三十八九公斤。
4. 这个医院有五十几个医生。

5. 现在两点多。

6. 我们学校大概有三四百人。

7. 教室里有几个学生。

8. 弟弟身高一米七多。

七、把下列词语组合成语序正确的句子

1. 我喜欢每天早上跑一会儿步。

2. 我们都祝爷爷身体健康。

3. 年轻人常常不注意饮食,这样容易得胃病。

4. 毕业以后,我跟他见了一次面。

5. 我们班一共有三十几个人。

6. 超市离银行五百多米。/ 银行离超市五百多米。

八、根据课文内容填空

　　舒　吐　毛　查　复　饮

九、根据课文提供的医学知识判断下列说法是否正确

1. ×　　　2. ×　　　3. √　　　4. √　　　5. √　　　6. √　　　7. ×　　　8. √

十 阅读理解

1. ×　　　2. √　　　3. √　　　4. ×　　　5. √

第十七课　请先去验一下儿血

二、选择合适的词语填空

1. 控制　　　2. 通过　　　3. 发现　　　4. 成分

5. 手段　　　6. 细菌　　　7. 感觉　　　8. 是否

三、选择正确的位置

1. B　　　2. B　　　3. B　　　4. C　　　5. B　　　6. B　　　7. C　　　8. B

四、为下列句子填上适当的使令动词

1. 让 / 叫　　　2. 派　　　3. 让　　　4. 请　　　5. 让 / 叫

6. 让　　　7. 请 / 叫 / 让　　　8. 请

五、选择正确答案

1. A　　　2. C　　　3. B　　　4. D　　　5. B　　　6. C　　　7. D　　　8. B

六、用所给词语完成下列句子(答案不唯一)

1. 这些地方我都去过

2. 我们班的同学还有哈萨克族

3. 除了让我们上课认真听讲以外

4. 除了不喜欢打篮球以外

5. 不让大声说话

6. 请朋友们参加我的生日晚会

七、改正下列句子中的错误

1. 这节课让我了解了很多医学知识。

2. 老师让我明天下午去办公室。

3. 医生不叫他吃辣的食物。

4. 我以前怎么不知道这件事。

5. 现在里边正在上课，你不能进去。

6. 我们今天没在这个教室上课。

7. 他们让我们用汉语回答问题。

8. 老师请大家都去他家玩儿。

八、根据课文内容填空

质　烧　通　概　染　贫

九、根据课文提供的医学知识判断下列说法是否正确

1. √　　2. √　　3. ×　　4. ×　　5. ×　　6. ×　　7. ×　　8. √

十、阅读理解

1. D　　2. B　　3. A　　4. C　　5. A

第十八课　孩子病了一个星期了

二、选择合适的词语填空

1. 增强　　2. 稍　　3. 观察　　4. 着凉

5. 明显　　6. 功能　　7. 护理　　8. 接触

三、用适当的结果补语完成句子

1. 完　　2. 好　　3. 给　　4. 完　　5. 错　　6. 给　　7. 见　　8. 错

四、选择正确的位置

1. C　　2. C　　3. D　　4. A　　5. C　　6. A　　7. B　　8. C

五、选择正确答案

1. B　　2. B　　3. D　　4. C　　5. C　　6. C　　7. D　　8. C

六、判断对错并改正错误的句子

1. √

2. × 我每天早上跑半个小时步。

3. √

4. × 下课后,老师跟我谈了一会儿话。

5. √

6. × 古丽不舒服,我想在她的房间陪她一会儿。

7. × 他打了很长时间电话。

8. × 父母总是让我好好儿学习。

八、把下列词语组合成语序正确的句子

1. 老师让我们下午都去办公室。

2. 阿曼让我到图书馆找他。/ 他让我到图书馆找阿曼。

3. 跟朋友谈话使我快乐。

4. 我们都等了他一个下午了。/ 他都等了我们一个下午了。

5. 当我到教室的时候,已经上课了。

6. 我的作业已经交给王老师了。

九、根据课文提供的医学知识判断下列说法是否正确

1. √　　　2. √　　　3. √　　　4. ×　　　5. ×　　　6. ×　　　7. √　　　8. ×

第十九课　姐姐比我漂亮

三、选择合适的词语填空

1. 显得　　　2. 条件　　　3. 遗传　　　4. 成熟

5. 影响　　　6. 可惜　　　7. 表现　　　8. 关键

四、选择正确的位置

1. C　　　2. D　　　3. D　　　4. B　　　5. D　　　6. C　　　7. B　　　8. A

五、选择正确答案

1. B　　　2. C　　　3. B　　　4. D　　　5. B　　　6. B　　　7. C　　　8. B

六、模仿例句改写句子

例1

1. A: 这件衣服比那件贵吗?

B: 是的,这件衣服比那件贵一点儿。

2. A: 你比弟弟重吗?

B: 是的,我比弟弟重20公斤。

3. A:今天温度比昨天低吗?

B:今天温度比昨天低一点儿。

4. A:明年的课比今年多吗?

B:明年的课比今年多两门。

例2

1. A：这个教室有那个教室大吗？
   B：这个教室没有那个教室大。

2. A：你有弟弟那么喜欢踢足球吗？
   B：我没有弟弟那么喜欢踢足球。

3. A：新疆的夏天有上海那么热吗？
   B：新疆的夏天没有上海那么热。

4. A：你的书有他的多吗？
   B：我的书没有他的多。

七、把下列词语组合成语序正确的句子

1. 这课的生词没有那课那么多。
2. 弟弟没有他这么喜欢游泳。/ 他没有弟弟这么喜欢游泳。
3. 结婚以后他比以前胖得多。
4. 坐飞机比坐火车快三个小时。
5. 这个方法不比那个好。
6. 他比我更喜欢踢足球。/ 我比他更喜欢踢足球。

八、根据课文内容填空

定　育　传　因　营

九、根据课文提供的医学知识判断下列说法是否正确

1. ×　　2. ×　　3. ×　　4. √　　5. ×　　6. √　　7. ×　　8. ×

十、阅读理解

1. √　　2. ×　　3. √　　4. ×　　5. ×

第二十课　她的身材真棒

三、选择合适的词语填空

1. 典型　2. 提醒　3. 证明　4. 梦想
5. 据说　6. 聪明　7. 按照　8. 范围

四、用"跟……一样 / 不一样"说句子

1. 这家医院的医生跟那家医院一样多。
2. 我朋友跟我一样喜欢唱歌。
3. 巴哈尔的考试成绩跟阿里木一样。
4. 我的宿舍跟他的宿舍一样大。
5. 我的专业跟弟弟的不一样。
6. 我们班男生跟女生不一样多。
7. 我跟同屋不一样大。

8. 这件衣服的价钱跟那件不一样。

五、用"不如"改写句子

1. 那本书不如这本书有意思。
2. 妹妹不如弟弟聪明。
3. 我做的饭不如她做的好吃。
4. 我的汉语水平不如他的高。
5. 我的身材不如姐姐好。
6. 他不如我考得好。
7. 坐汽车不如坐火车快。
8. 宿舍不如教室安静。

六、改正下列句子中的错误

1. 这个医院的条件跟那个医院一样好。
2. 我们家乡的天气跟这里一样。
3. 我的书包的颜色跟他的一样，都是黑的。
4. 我考得跟他一样好。
5. 他们的宿舍不如我们的干净。
6. 房间里没有外边那么冷。
7. 坐火车比坐汽车快一个小时。
8. 他唱得不如我好。

八、根据课文内容填空

资　除　以　于　跟

九、根据课文内容判断正误

1. ×　　　2. ×　　　3. √　　　4. ×　　　5. ×　　　6. ×　　　7. ×　　　8. ×

十、阅读理解

1. A　　　2. C　　　3. B　　　4. B　　　5. D

第二十一课　虫子飞进耳朵里了

二、用合适的量词填空

1. 只　　　2. 辆　　　3. 名　　　4. 层 / 楼

5. 片　　　6. 家 / 个　　7. 部 / 个　　8. 滴

三、选择合适的词语填空

1. 取　　2. 交　　3. 流　　4. 拍　　5. 闻　　6. 黏　　7. 滴　　8. 摸

四、指出说话人的位置

　　1. 车里　　　2. 家里　　　3. 教室外边　　4. 楼下边
　　5. 马路这边　6. 教室外边　7. 图书馆　　8. 家里

五、用合适的趋向补语填空

　　1. 去　　2. 去　　3. 来　　4. 来　　5. 去　　6. 来　　7. 去　　8. 来

六、用指定词语加"来"、"去"完成句子

　　1. 回宿舍去了　　　2. 借来一本书　　3. 到医院去　　　4. 带来一些水果
　　5. 到他那儿去　　　6. 寄去一封信　　7. 送来一瓶药　　8. 进病房去了

七、用所给的词语完成句子(答案不唯一)

　　1. 不去爬山了
　　2. 你头疼得厉害
　　3. 好不了
　　4. 我在乌鲁木齐连一个朋友也没有。
　　5. 不认识,我连她的名字也没听说过。
　　6. 很忙,连睡觉的时间也没有了。

八、把下列词语组合成语序正确的句子

　　1. 朋友借去了我的自行车。
　　2. 妈妈给我寄来一些衣服。
　　3. 他喜欢到我的房间来跟我聊天儿。
　　4. 朋友下星期就要回乌鲁木齐去了。
　　5. 爸爸下楼去交钱。
　　6. 妈妈病了,我想回家去看看。

十、阅读理解

　　1. C　　2. A　　3. D　　4. A　　5. A

第二十二课　你献过血吗

二、比较词语,并选择填空

　　(一)1. 过　2. 了　3. 过　4. 了　5. 了　6. 了
　　(二)1. 遍　2. 次　3. 遍　4. 次　5. 次

三、选择合适的词语填空

　　1. 任何　2. 误解　3. 整理　4. 关于　5. 支持　6. 提高　7. 偷偷　8. 印象

五、选择正确的位置

　　1. D　　2. C　　3. B　　4. B　　5. C　　6. C　　7. C　　8. C

六、选择正确答案

1. B　　2. C　　3. C　　4. D　　5. C　　6. C　　7. B　　8. B

七、判断对错并改正错误的句子

1. × 我们每个月学十篇课文。
2. × 以前我去过那个地方，还想再去一次。
3. × 爸爸在这个医院工作过三年。
4. √
5. × 我没听说过这件事。
6. × 我去那个地方参观过一次。
7. × 我在那条河里游过泳。
8. × 我昨天给你打过三次电话。

八、根据课文内容填空

闹　理　现　担　害　证　响　导　防

九、根据课文提供的医学知识判断下列说法是否正确

1. ×　　2. √　　3. ×　　4. √　　5. √　　6. ×　　7. √　　8. ×

十、阅读理解

1. √　　2. ×　　3. √　　4. √　　5. √

第二十三课　你打过乙肝疫苗吗

二、选择合适的词语填空

1. 周围　2. 敲　3. 轮　4. 结束　5. 具体　6. 通知　7. 接着　8. 于是

三、用合适的结果补语完成句子

1. 到　2. 好　3. 在　4. 见　5. 在　6. 到　7. 对　8. 到

四、选择正确的位置

1. D　2. C　3. B　4. C　5. B　6. C　7. C　8. B

五、选择正确答案

1. C　　2. A　　3. B　　　　5. C　　6. C　　7. B　　8. C

六、把下列词语组合成语序正确的句子

1. 她偷偷跑到一个没人的地方哭了。
2. 上课第一天他就迟到了。
3. 老师通知我们到教室开会。
4. 我常常坐在花园的椅子上看书。
5. 老师让你下午去一趟办公室。

6. 我已经去过三次乌鲁木齐了。

七、改正下列句子中的错误

1. 我做完了今天的练习。

2. 我要在这儿学习三年,今年是第一年。

3. 我们没学到 25 课。

4. 今天早上铁木尔睡到十点才起床。

5. 他一回家就躺在床上。

6. 衣服没放在箱子里。

7. 我们每年九月开学。

8. 这个问题他回答错了。

八、根据课文内容填空

1. 具　　愈　　靠

2. 罩　　露　　麻　　觉　　理　　事

九、根据课文提供的医学知识判断下列说法是否正确

1. √　　2. ×　　3. ×　　4. ×　　5. ×　　6. √　　7. ×　　8. ×

十、阅读理解

1. C　　2. D　　3. B　　4. C　　5. B

第二十四课　　血压还是降不下来

二、选择合适的词语填空

1. 造成　　　2. 医疗　　　3. 遵守　　　4. 抢救

5. 也许　　　6. 康复　　　7. 交通　　　8. 自从

三、用"动词 A+ 方向补语 B"填空

1. 拿出来　　2. 带回去　　3. 跳出来　　4. 开过来　　5. 爬上去

6. 送上去 / 拿上去　　7. 买回来 / 拿过来 / 带回来 / 拿回来 / 带过来　　8. 跑下来

四、指出说话人的位置

1. 外边　　　2. 家里　　　3. 国内　　　4. 病房里

5. 火车站里　6. 家里　　　7. 手术室外边　8. 屋里

五、选择正确的位置

1. D　　2. B　　3. C　　4. A　　5. D　　6. D　　7. D　　8. D

六、选择正确答案

1. A　　2. C　　3. B　　4. D　　5. C　　6. B　　7. C　　8. C

七、用所给的词语完成句子(答案不唯一)

1. 越来越漂亮了

2. 越来越喜欢 / 越来越习惯

3. 越来越方便 / 越来越发达

4. 所以大家穿得越来越厚了

5. 由于那家医院的人太多,收费也很贵

6. 所以他几乎从不得病

八、把下列词语组合成语序正确的句子

1. 他从医院拿回来很多药。

2. 你今天几点回宿舍去?

3. 那本书他还回来了。

4. 电梯升上来了,我们快进去吧。

5. 冬天快要来了,天气越来越冷了。

6. 你的感冒越来越厉害了,去医院看看吧。

十、阅读理解

1. √   2. ×   3. √   4. √   5. √

第二十五课   是刘大夫治好了我的病

二、选择合适的词语填空

1. 坚持   2. 附近   3. 过度   4. 专门

5. 经验   6. 反复   7. 缺少   8. 擅长

四、用"是……的"完成对话

你爸爸是什么时候来的?

他是怎么来的?

他是自己来的吗?

他是来做什么的?

你爸爸是做什么工作的?

五、选择正确的位置

1. D   2. B   3. C   4. B   5. B   6. C   7. B   8. A

六、选择正确答案

1. B   2. B   3. A   4. B   5. B   6. C   7. A   8. C

七、用所给的词语完成句子(答案不唯一)

1. 不是流鼻涕就是流眼泪

2. 不是洗衣服就是打扫房间

3. 不是去逛街就是去看电影

4. 而是我不会做

5. 锻炼身体而是为了减肥

6. 不是要批评他, 而是要表扬他

八、判断对错并改正错误的句子

1. × 我是在中学认识的他。

2. × 我是三年前得的哮喘。

3. √

4. √

5. √

6. × 我不是骑自行车来教室的。

7. √

8. × 是古丽告诉我这件事的。

九、根据课文内容填空

1. 喘　缓　发　痛

2. 条　虽　重　效　弹　养　伤

第二十六课　图书馆有一个医学书展

二、辨字组词(答案不唯一)

借(借书)　　　贴(张贴)　　　便(方便)　　　查(检查)

错(错误)　　　粘(粘住)　　　使(使馆)　　　备(准备)

退(退休)　　　摸(捉摸)　　　乏(缺乏)　　　精(精神)

腿(小腿)　　　模(模型)　　　之(之一)　　　静(安静)

三、选择合适的词语填空

1. 传统　　　2. 满足　　　3. 想法　　　4. 发展

5. 稳定　　　6. 随着　　　7. 互相　　　8. 到期

五、用"起来"或者"下去"完成句子

1. 起来　　　2. 起来　　　3. 下去　　　4. 下去

5. 起……来　6. 下去　　　7. 起……来　8. 起……来

六、把下列词语组合成语序正确的句子

1. 他今天没带着包出去。

2. 我们在教室里认真地看着书。

3. 晚会上大家高兴地跳起来。

4. 她气极了,一个人跑出去了。

5. 自行车没在楼下放着。

6. 戴着眼镜的那个人是王老师。/那个戴着眼镜的人是王老师。

七、改正下列句子中的错误

1. 因为生病,他不能继续学习下去了。

2. 课文开始难起来了。

3. 我想不起来他的电话号码了。

4. 教室的窗户没开着。

5. 上午我正在上课的时候,突然有人找我。

6. 我们的城市越来越漂亮了。/我们的城市漂亮极了。

7. 我们等了他一个小时了。

8. 他喜欢躺在床上看书。

八、用"动词＋着"填空

摆着　　放着　　听着　　写着　　戴着　　穿着　　挂着　　放着

十、阅读理解

（一）根据短文内容选择正确答案

1. D　　　2. D　　　3. D　　　4. D　　　5. C

第二十七课　前边开过来一辆救护车

二、辨字组词（答案不唯一）

处（到处）　　赏（欣赏）　　组（组织）　　旅（旅游）
外（外边）　　常（经常）　　姐（姐姐）　　族（民族）

跌（跌倒）　　泼（泼水）　　观（参观）　　换（换钱）
铁（钢铁）　　拔（拔草）　　现（发现）　　晚（晚上）

三、给下列词语连线

停止呼吸　　遇到危险　　检查身体　　掌握知识　　　睁眼
发生事故　　宣传法律　　恢复健康　　避免伤害

四、选择合适的词语填空

1. 组织　　2. 掌握　　3. 欣赏　　4. 避免
5. 事故　　6. 普及　　7. 商量　　8. 意外

五、用"一……也……"改写句子

1. 那个地方我一次也没去过。
2. 他身体很好，一次医院也没去过。
3. 他放下东西就走了，一口水也没喝。
4. 考试太难了，我一道题也不会做。
5. 刚来学校的时候，我一个朋友也没有。
6. 我的钱包丢了，身上一分钱也没有。
7. 他一点儿本事也没有，全靠父母养活。
8. 大家都走了，教室里一个人也没有了。

六、把下列词语组合成语序正确的句子

1. 我们班来了一个新同学。
2. 车上走下来很多人。
3. 楼上掉下来一个包。
4. 楼下的房间没住着人。
5. 冰箱里放着一些水果。

6. 我一点儿也听不懂他说什么。

7. 太晚了,食堂里一点儿饭也没有了。

8. 他忙得一分钟也没休息。

七、判断对错并改正错误的句子

1. √

2. × 铁木尔坐在教室里。

3. √

4. × 这个房间没住着人。

5. × 刘医生来医院里了。

6. × 北京我一次也没去过。

7. √

8. × 她有三个妹妹,但是一个弟弟也没有。

八、根据课文内容填空

旅　突　忆　呼　复　睁　达　免

九、根据课文提供的医学知识判断下列说法是否正确

1. √　　2. √　　3. ×　　4. ×　　5. ×　　6. √　　7. √　　8. √

十、阅读理解

（一）根据短文内容判断正误

1. ×　　2. √　　3. ×　　4. √　　5. ×

第二十八课　把病人送到急诊室

二、给下列汉字加一个偏旁,组成新字(答案不唯一)

土：地(地方)　　木：检(检查)　　冬：图(心电图)
　　场(市场)　　　楼(楼上)　　　终(终于)

及：级(高级)　　炎：谈(谈话)　　至：到(遇到)
　　吸(呼吸)　　　痰(吐痰)　　　致(导致)

十：古(古代)　　求：救(救护)　　角：解(解决)
　　博(博物馆)　　球(打球)　　　确(正确)

三、选择合适的词语填空

1. 慢性　　2. 增加　　3. 需要　　4. 方案

5. 合适　　6. 手续　　7. 诊断　　8. 以及

四、选择正确答案

1. C   2. B   3. C   4. A   5. C   6. C   7. B   8. D

五、用"把"字句完成句子

1. 把衣服放在柜子里。
2. 把电话号码写在本子上。
3. 把感谢信送给医生。
4. 把桌子搬到楼上。
5. 把书寄给弟弟。
6. 把电视摆在前边。
7. 把画儿贴在墙上。
8. 把自行车借给朋友。

六、对画线部分提问

1. 你把病历放在哪儿了？
2. 你把词典借给谁了？
3. 他想把什么送给朋友？
4. 妈妈要把花儿种在哪儿？
5. 大伟把什么拿到车上？
6. 谁把钱还给阿里木了？
7. 你什么时候把书寄给朋友了？
8. 他常常把书包挂在哪儿？

七、把下列词语组合成语序正确的句子

1. 他今天来得早极了。
2. 萨比尔学习认真得很。
3. 王先生病得很厉害。
4. 他肚子疼得不得了。
5. 考试考得很好，弟弟高兴极了。
6. 阿里木汉语说得越来越好。

八、根据课文内容填空

固   移   咽   胀   吐

九、根据课文提供的医学知识判断下列说法是否正确

1. ×   2. √   3. √   4. ×   5. ×   6. √   7. ×   8. √

十、阅读理解

（一）根据短文内容判断正误

1. ×   2. ×   3. √   4. ×   5. √

第二十九课　医生来查房了

二、写出下列词语的反义词

强——弱　　睁——闭　　粗——细　　干净——肮脏

胖——瘦　　高——矮　　急性——慢性　　适度——过度

硬——软　　左——右　　安全——危险　　增加——减少

三、选择合适的词语填空

1. 逐渐　　2. 困扰　　3. 至少　　4. 有助于　　5. 刺激　　6. 管理　　7. 形成　　8. 节奏

四、用"把"字句完成句子

1. 你把桌子擦擦。

2. 我要把生词复习一下。

3. 他把电视打开了。

4. 热娜没把书还给图书馆。

5. 我昨天把照片洗了。

6. 病人刚把药喝了。

7. 妈妈把衣服洗干净了。

8. 巴哈尔想把生词预习预习。

五、选择正确的位置

1. A　　2. D　　3. C　　4. A　　5. B　　6. B　　7. B　　8. D

六、把下边的句子改成"把"字句

1. 他把一杯茶放在桌子上了。

2. 他不愿意把这本书借给别人。

3. 去旅游时我要把我的新照相机带着。

4. 请你把这儿的情况介绍一下。

5. 下车前请把东西检查检查。

6. 他想把那本书拿下来。

7. 师傅已经把自行车修好了。

8. 铁木尔把一个字读错了。

七、把下列词语组合成语序正确的句子

1. 司机把病人送到了医院。

2. 我们把生日蛋糕都吃完了。

3. 老师让我们把课文读三遍。

4. 王丽不想把这件事告诉妈妈。

5. 他上个月把阑尾切除了。

6. 请你把电视关了再睡觉。

八、改正下列句子中的错误

1. 请把你的自行车借给我骑骑。
2. 昨天我没把作业做完就睡觉了。
3. 他能把一碗面条吃完。
4. 现在不要把书打开。
5. 我把全家的照片挂在墙上。
6. 我把一盆花儿放在窗台上。
7. 老师把语法写在黑板上。
8. 上街的时候,他把钱包丢了。

九、根据课文提供的医学知识判断下列说法是否正确

1. √   2. ×   3. √   4. √   5. ×   6. √   7. √   8. ×

十、阅读理解

(一)根据短文内容判断正误

1. √   2. ×   3. √   4. ×   5. ×

第三十课　我被汽车撞伤了

二、用"的"、"地"、"得"填空

1. 地   2. 得   3. 的   4. 地   5. 的   6. 得   7. 地   8. 得

三、选择合适的词语填空

1. 顺利   2. 负责   3. 立刻   4. 轮流   5. 措施   6. 清洁   7. 酸痛   8. 现象

四、把下列句子改成"被"字句

1. 树被风吹倒了。
2. 药都被他吃完了。
3. 电脑被哥哥搬到桌子上了。
4. 他的病被医生治好了。
5. 他被救护车送到了医院。
6. 衣服被妈妈洗干净了。
7. 钥匙被我弄丢了。
8. 衣服被雨淋湿了。

五、选择正确的位置

1. C   2. B   3. D   4. B   5. C   6. A   7. A   8. A

六、选择正确答案

1. C   2. A   3. C   4. A   5. C   6. A   7. A   8. B

七、改正下列句子中的错误

　　1. 电视让我不小心弄坏了。

　　2. 杯子里的水已经被他喝完了。

　　3. 我的车叫朋友骑走了。

　　4. 偷车的小偷被抓住了。

　　5. 他昨天被老师批评了。

　　6. 他没被汽车撞伤。

　　7. 医生让他下星期来医院复查复查。

　　8. 姑娘们都穿得漂漂亮亮的。

八、根据课文内容填空

　　1. 撞　救　拍　折　需

　　2. 慌　取　浸　缓　者　染

九、根据课文判断下列说法是否正确

　　1. ×　　　2. ×　　　3. ×　　　4. ×　　　5. ×　　　6. ×　　　7. ×　　　8. ×

十、阅读理解

　　（一）根据短文内容判断正误

　　1. √　　　2. ×　　　3. √　　　4. ×　　　5. ×

第三十一课　你看得懂处方吗

二、辨字组词（答案不唯一）

　　遇（遇到）　　感（感动）　　处（到处）　　住（住房）
　　偶（偶尔）　　想（想法）　　外（外边）　　注（注意）

　　肠（肠子）　　折（折断）　　精（精神）　　联（联合）
　　场（场地）　　诉（告诉）　　清（清楚）　　送（送给）

三、比较词语，并选择填空

　　1. 有点儿　　2. 完　　3. 好　　4. 开

　　5. 陪　　6. 只有　　7. 证明　　8. 严重

四、选择合适的词语填空

　　1. 遇见　　2. 添　　3. 正好　　4. 半天

　　5. 后果　　6. 以为　　7. 办理　　8. 填写

五、选择正确的位置

　　1. C　　　2. A　　　3. D　　　4. A　　　5. C　　　6. B　　　7. B　　　8. A

六、选择正确答案

1. D　　2. C　　3. D　　4. B　　5. A　　6. B　　7. C　　8. B

七、用所给的词语完成句子

1. 可能修不好了,干脆买个新的吧

2. 可是很快就习惯学校的生活了

3. 才能取得好成绩

4. 其实它只是一种止疼药

5. 只好走路回家了

6. 由于昨晚突然发高烧,医生让她好好儿休息

八、把下列词语组合成语序正确的句子

1. 我正好有一件事想请你们帮忙。

2. 你们俩都是学医科的高才生。

3. 这个处方你们看得懂看不懂?

4. 哪天有空儿到我家吃饭。

5. 医生建议父亲住院治疗。

6. 我看不清楚黑板上的字。

十、阅读理解

(一)根据短文内容判断正误

1. ×　　2. √　　3. ×　　4. ×　　5. ×

第三十二课　善待自己,从健康体检开始

二、辨字组词(答案不唯一)

待(等待)　　健(健康)　　越(越过)　　极(极好)
持(坚持)　　建(建设)　　城(城市)　　及(及格)

肿(红肿)　　症(病症)　　佳(佳节)　　历(日历)
种(种树)　　证(证明)　　挂(悬挂)　　厉(厉害)

三、比较词语,并选择填空

1. 情况　　2. 习惯　　3. 既　　4. 明显

5. 经历　　6. 了解　　7. 专门　　8. 建议

四、选择合适的词语填空

1. 对待　　2. 形成　　3. 普及　　4. 提高　　5. 大概　　6. 坚持　　7. 于是　　8. 满意

五、选择正确的位置

　　1. B　　　2. B　　　3. C　　　4. B　　　5. D　　　6. D　　　7. B　　　8. A

六、选择正确答案

　　1. C　　　2. C　　　3. B　　　4. D　　　5. A　　　6. C　　　7. D　　　8. C

七、完成下列句子

　　1. 隔壁房间里太吵

　　2. 在小城市和农村，人们还是没有体检意识

　　3. 懂事

　　4. 坚持去上课

　　5. 查出一些没有任何症状的疾病

　　6. 喜欢户外运动，比如打球、爬山

八、把下列词语组合成语序正确的句子

　　1. 他每年进行一次体检。

　　2. 你用不着去医院体检。

　　3. 专家给我提出一些建议。

　　4. 定期进行体检是非常重要的。

　　5. 我对自己的健康状况比较满意。

　　6. 我坚持每年进行一次体检。

十、阅读理解

　　（一）根据短文内容判断正误

　　1. √　　　2. ×　　　3. √　　　4. ×　　　5. ×

第三十三课　吃药的学问

二、辨字组词（答案不唯一）

　　工(工人)　　咳(咳嗽)　　症(病症)　　犹(犹豫)

　　公(公共)　　该(应该)　　正(正确)　　优(优秀)

　　疼(头疼)　　效(效果)　　乱(混乱)　　喉(喉咙)

　　痛(病痛)　　胶(树胶)　　活(生活)　　候(时候)

三、比较词语，并选择填空

　　1. 怎么　　2. 下　　3. 觉得　　4. 请教　　5. 天亮　　6. 念　　7. 遍　　8. 眉头

四、选择合适的词语填空

　　1. 工夫　　2. 其实　　3. 治疗　　4. 配　　5. 好不容易　　6. 稳定　　7. 想起来　　8. 另外

五、选择正确的位置

1. C 　　　2. D 　　　3. C 　　　4. C 　　　5. C 　　　6. D 　　　7. A 　　　8. B

六、选择正确答案

1. A 　　　2. D 　　　3. C 　　　4. C 　　　5. C 　　　6. D 　　　7. C 　　　8. B

七、完成下列句子

1. 看起来很漂亮
2. 没工夫跟你去打球
3. 另外再买几斤香蕉
4. 托了两个人，好不容易才买到2张
5. 可能是感冒还没好
6. 咱们赶快送他去医院吧

八、把下列词语组合成语序正确的句子

1. 早上起床以后，我觉得浑身不舒服。
2. 连老朋友的声音都听不出来了？
3. 昨天我去了一趟附近的医院。
4. 这种药每隔六小时服用一次。
5. 药品跟一般的商品不一样。
6. 这可不是一件容易的事。

九、根据课文提供的医学知识判断下列说法是否正确

1. √ 　　2. × 　　3. √ 　　4. √ 　　5. × 　　6. × 　　7. √ 　　8. √

十、阅读理解

（一）根据短文内容判断正误

1. √ 　　2. × 　　3. × 　　4. √ 　　5. √

第三十四课　你的嗓子怎么哑了

二、写出下列词语的近义词

喜爱　　　练习　　　赶快　　　小心　　　优秀　　　一生　　　可能　　　高兴

三、给下列词语连线

怕冷　　咽东西　　热爱音乐　　实现梦想　　主动要求
全面检查　　引起炎症　　受到刺激　　带来压力

四、选择合适的词语填空

1. 咽　　2. 费劲儿　　3. 引起　　4. 赶紧　　5. 实现　　6. 检查　　7. 简直　　8. 感染

五、选择正确的位置

　　1. D　　　2. B　　　3. D　　　4. B　　　5. A　　　6. B　　　7. B　　　8. B

六、选择正确答案

　　1. B　　　2. A　　　3. D　　　4. C　　　5. D　　　6. B　　　7. A　　　8. B

七、用所给的词语完成句子和对话(仅供参考)

　　1. 赶紧回家吧

　　2. 没准儿你把它忘在家里了

　　3. 换了我,在这样的环境里生活绝对受不了

　　4. 既聪明又懂礼貌

　　5. 就能很快痊愈

　　6. 属于比较难治愈的一种病

八、根据课文内容填空

　　介　　吸　　容　　疾　　然　　直　　压

九、根据课文提供的医学知识判断下列说法是否正确

　　1. √　　　2. ×　　　3. √　　　4. √　　　5. √　　　6. ×　　　7. √　　　8. ×

十、阅读理解

　　(一)根据短文内容判断正误

　　1. √　　　2. √　　　3. √　　　4. ×　　　5. ×

第三十五课　生活中的"小病"

二、辨字组词(答案不唯一)

服(衣服)	趟(一趟)	怕(害怕)	受(受不了)
报(报纸)	超(超市)	拍(拍手)	爱(爱情)

肠(肠道)	性(性别)	精(精神)	减(减少)
场(场所)	姓(姓名)	情(情况)	喊(喊叫)

三、比较词语,并选择填空

　　1. 趟　　2. 恐怕　　3. 千万　　4. 按时　　5. 产生　　6. 主要　　7. 及时　　8. 达到

四、选择合适的词语填空

　　1. 恐怕　　2. 坚持　　3. 要命　　4. 著名　　5. 要不然　　6. 同时　　7. 特点　　8. 千万

五、选择正确的位置

　　1. C　　　2. D　　　3. D　　　4. B　　　5. C　　　6. C　　　7. B　　　8. B

六、选择正确答案

　　1. D 　　　2. A 　　　3. D 　　　4. C 　　　5. B 　　　6. D 　　　7. A 　　　8. D

七、用所给的词语完成句子和对话（仅供参考）

　　1. 一天一天地暖和起来了

　　2. 恐怕不能来上课了

　　3. 贵得让人无法忍受，所以顾客越来越少了

　　4. 同时还会有恶心、呕吐、食欲减退等症状

　　5. 千万别考砸了／千万别出什么差错

　　6. 别提了！半路上自行车坏了，我是推着车子跑来的

十、阅读理解

（一）根据短文内容判断正误

　　1. √ 　　　2. × 　　　3. × 　　　4. × 　　　5. √

第三十六课　鼻子流血了

二、辨字组词（答案不唯一）

　　快（快乐）　　　仰（仰望）　　　孔（针孔）　　　巾（围巾）

　　决（决定）　　　迎（欢迎）　　　扎（扎手）　　　币（人民币）

　　讨（讨厌）　　　塞（堵塞）　　　抽（抽烟）　　　唾（唾液）

　　付（付钱）　　　赛（比赛）　　　油（石油）　　　睡（睡觉）

三、比较词语，并选择填空

　　1. 有点儿　　2. 只要　　3. 塞　　4. 及时　　5. 并　　6. 可能　　7. 描述　　8. 区别

四、选择合适的词语填空

　　1. 依靠　　2. 干燥　　3. 实在　　4. 养成　　5. 传染　　6. 详细　　7. 确诊　　8. 冲

五、选择正确的位置

　　1. C 　　　2. B 　　　3. C 　　　4. B 　　　5. B 　　　6. A 　　　7. D 　　　8. D

六、选择正确答案

　　1. D 　　　2. B 　　　3. D 　　　4. C 　　　5. B 　　　6. D 　　　7. B 　　　8. C

七、用所给的词语完成对话（仅供参考）

　　1. 年轻人容易流鼻血与劳累、运动、饮食等有关

　　2. 一般情况下，如果是鼻腔血管破裂导致的流鼻血不需要特别治疗，可以把湿纸巾塞到
　　　鼻孔里止血

　　3. 由于鼻腔太干燥了

4. 其实它们是有区别的

5. 通过鼻分泌物的检查可以很容易地确诊

6. 效果特别好,才吃了半个小时烧就退下去了

八、把下列词语组合成语序正确的句子

1. 我最近为什么总是流鼻血呢? / 为什么最近我总是流鼻血呢?

2. 我们应该养成好的生活习惯。

3. 原来我们是特别好的朋友。

4. 过敏性鼻炎的症状和感冒非常相似。

5. 目前还没有根治过敏性鼻炎的办法。

6. 我总是记不住汉字。

十、阅读理解

（一）根据短文内容选择正确答案

1. D   2. C   3. C   4. B   5. C

第三十七课 　眼睛会生病

二、辨字组词(答案不唯一)

肿(红肿) 　粘(粘贴) 　样(样子) 　难(困难)
冲(冲洗) 　贴(贴纸) 　详(详细) 　准(准备)

睑(眼睑) 　消(消失) 　根(根据) 　调(调整)
检(检查) 　稍(稍微) 　银(银行) 　周(周期)

三、给下列词语连线

描述病情　　睁开眼睛　　细菌感染　　传染疾病　　滴眼药水
涂药膏　　戴眼镜　　视力下降　　抄作业

四、选择合适的词语填空

1. 怪不得 　2. 没准儿 　3. 难道 　4. 以免
5. 羡慕 　6. 模糊 　7. 恢复 　8. 引起

五、选择正确的位置

1. C   2. C   3. D   4. A   5. B   6. A   7. B   8. A

六、选择正确答案

1. D   2. C   3. B   4. D   5. B   6. C   7. C   8. D

七、用所给的词语完成句子和对话

1. 没准儿又病了

2. 为了治好这种病

3. 难道它自己会飞

4. 每隔两个小时滴一次,每次两滴

5. 以免造成重复感染

6. 越来越严重了

八、根据课文内容填空

现　担　根　绩　验　觉　鲜

九、根据课文提供的医学知识判断下列说法是否正确

1. √　　2. ×　　3. ×　　4. √　　5. √　　6. ×　　7. ×　　8. √

十、阅读理解

(一)根据短文内容判断正误

1. √　　2. √　　3. √　　4. √　　5. √

第三十八课　你了解自己的体温吗

二、给下列汉字加一个偏旁,组成新字(答案不唯一)

夜:液(液体)　　占:站(站台)　　垂:睡(睡觉)　　干:汗(汗水)
　　腋(腋窝)　　　　战(战斗)　　　　捶(捶背)　　　　赶(驱赶)
　　　　　　　　　　粘(粘贴)　　　　唾(唾液)　　　　旱(干旱)
　　　　　　　　　　沾(沾光)

主:住(住宅)　　者:诸(诸位)　　工:江(江河)　　交:效(效果)
　　注(注意)　　　　都(都市)　　　　扛(扛活)　　　　校(校园)
　　　　　　　　　　著(著名)　　　　红(红色)　　　　较(比较)
　　　　　　　　　　　　　　　　　　功(功夫)　　　　咬(咬死)
　　　　　　　　　　　　　　　　　　攻(进攻)
　　　　　　　　　　　　　　　　　　贡(贡献)

立:泣(哭泣)
　　粒(米粒)
　　位(位置)

三、给下列词语连线

受到伤害　　面临死亡　　总结方法　　保持温度　　进行运动
采取措施　　激烈战斗　　降低血压　　消灭敌人　　恢复健康

四、选择合适的词语填空

1. 仅仅　　2. 不利于　　3. 保持　　4. 提供　　5. 激烈　　6. 消灭　　7. 往往　　8. 降低

五、选择正确的位置

1. C　　2. B　　3. D　　4. B　　5. C　　6. A　　7. B　　8. D

六、选择正确答案

1. B　　2. A　　3. B　　4. D　　5. C　　6. D　　7. C　　8. B

七、用所给的词语完成对话

1. 在临床上,体温比正常温度高,就称为发热
2. 不相同,后者往往比前者高一度
3. 应该及时采取必要的降温措施并住院诊治
4. 只要发烧温度不超过 39 度,对身体是没有坏处的
5. 我们可以采用热敷的方法缓解症状
6. 因为白细胞平时在血管里流动,一旦发现敌人,就会立即冲上去消灭它们

八、把下列词语组合成语序正确的句子

1. 夜里睡眠时体温最低。
2. 37 度仅仅是人体温度的平均值。
3. 发烧往往产生相当高的热量。
4. 我希望你早日恢复健康。
5. 白细胞是最英勇的战士。
6. 我们可以采用热敷的方法缓解症状。

九、根据课文提供的医学知识判断下列说法是否正确

1. ×　　2. √　　3. √　　4. ×　　5. ×　　6. √　　7. ×　　8. √

十、阅读理解

（一）根据短文内容判断正误

1. √　　2. ×　　3. √　　4. ×　　5. √

第三十九课　都是感冒惹的祸

二、给下列汉字加一个偏旁,组成新字(答案不唯一)

戈：找(寻找)　　生：性(性别)　　俞：愉(愉快)　　包：抱(拥抱)
　　划(划船)　　　　姓(姓名)　　　　偷(小偷)　　　　跑(跑步)
　　　　　　　　　　星(星星)　　　　愈(痊愈)　　　　泡(泡茶)
　　　　　　　　　　　　　　　　　　　　　　　　　　炮(炮弹)

辰：晨(早晨)　　月：钥(钥匙)　　寺：持(坚持)　　旦：担(担心)
　　振(振作)　　　　肚(肚子)　　　　诗(诗人)　　　　但(但是)
　　震(地震)　　　　肠(肠子)　　　　等(等待)

唇(嘴唇)　　　　　　　　　　待(期待)

特(特别)

亥：该(应该)

孩(孩子)

咳(咳嗽)

刻(立刻)

三、比较词语,并选择填空

1. 由于　　2. 明显　　3. 忽视　　4. 持续　　5. 达到　　6. 要求　　7. 严重　　8. 充分

四、选择合适的词语填空

1. 日益　　2. 据　　　3. 明显　　4. 病变　　5. 异常　　6. 威胁　　7. 到达　　8. 养成

五、选择正确的位置

1. B　　　2. C　　　3. C　　　4. D　　　5. C　　　6. C　　　7. B　　　8. D

六、选择正确答案

1. C　　　2. A　　　3. B　　　4. C　　　5. D　　　6. A　　　7. D　　　8. C

七、用所给的词语完成句子

1. 有助于提高身体的抗病能力

2. 可是克里木大叔还是非要喝一杯不可

3. 甚至说几句话就气喘吁吁

4. 其中以慢性病居多

5. 然而今年却明显提前了 2 个月

6. 尤其是晚上不能熬夜了

八、判断对错并改正错误的句子

1. × 平时要让孩子多参加体育锻炼,注意营养均衡。

2. × 随着冬季的到来,各大医院的肺炎患者日益增多。

3. × 肺炎的种类很多,按病源可以分为细菌性肺炎、病毒性肺炎和支原体肺炎等。

4. × 从临床上看,有的孩子得了肺炎以后,只咳嗽并不发烧。

5. × 除了需马上进行各种治疗以外,大夫还要求巴特尔卧床休息三个月。

6. × 只有多参加体育锻炼,注意营养,不挑食,才能保持身体健康。

十、阅读理解

(一)根据短文内容选择正确答案

1. D　　　2. D　　　3. D　　　4. A　　　5. D

第四十课　青春期的烦恼

二、给下列多音字注音并组词(答案不唯一)

得：dé（得病）　　　　要：yāo（要求）　　　差：chā（差错）
　　děi（得快点儿）　　　yào（重要）　　　　　chà（差不多）
　　　　　　　　　　　　　　　　　　　　　　　chāi（出差）
　　　　　　　　　　　　　　　　　　　　　　　cī（参差）

长：cháng（长度）　　　少：shǎo（少数）　　　冲：chōng（冲突）
　　zhǎng（长大）　　　　shào（少年）　　　　chòng（冲着）

发：fā（发现）　　　　好：hǎo（好像）　　　　大：dà（大学）
　　fà（理发）　　　　　hào（爱好）　　　　　dài（大夫）

三、比较词语,并选择填空

1. 戴着　　2. 摘下　　3. 效果　　4. 主要　　5. 方式　　6. 因此　　7. 其中　　8. 正规

四、选择合适的词语填空

1. 尤其　　2. 理想　　3. 恰当　　4. 采取　　5. 尽量　　6. 属于　　7. 缺乏　　8. 诊断

五、选择正确的位置

1. C　　　2. C　　　3. B　　　4. B　　　5. A　　　6. D　　　7. B　　　8. A

六、选择正确答案

1. D　　　2. C　　　3. C　　　4. D　　　5. B　　　6. C　　　7. A　　　8. C

七、仿照例句,用所给的词语造句子

1. 不论多少人反对,我还是坚持自己的观点。
2. 无论你说多少次,我都不会去的。
3. 不管是国外的比赛还是国内的比赛,只要有球赛,他都会看。
4. 他再三请求妈妈给他买台电脑,可是妈妈始终不答应。
5. 古丽得了急性肺炎被送进医院了,因此没能参加今天的考试。
6. 几次实验的结果都不太理想,大家有些灰心丧气了。

八、判断对错并改正错误的句子

1. × 患者今年 20 多岁,从三年前开始长青春痘,用过很多药也没有效果。
2. × 在我的再三要求下,她才慢慢地摘下那个大口罩。
3. × 不规律的饮食习惯、紧张的生活方式、不恰当的护肤方法都会引起青春痘。
4. × 看着身边的女生们个个像雨后春笋一样亭亭玉立,丽丽常常唉声叹气。
5. × 只有正确用药,才能获得理想的治疗效果。
6. × 无论是哪种类型的病因,身材矮小的孩子在生活中更应该注意合理的营养搭配。

十、阅读理解

（一）根据短文内容选择正确答案

1. C   2. B   3. D   4. C   5. D

第四十一课 "美丽"的敌人——皮肤病

二、辨字组词（答案不唯一）

谈（谈话）　　脑（电脑）　　特（特别）　　斑（斑点）
淡（淡水）　　恼（恼火）　　持（保持）　　班（班级）

抹（抹去）　　凉（凉快）　　辐（辐射）　　椎（脊椎）
沫（泡沫）　　晾（晾衣服）　福（幸福）　　推（推开）

三、比较词语，并选择填空

1. 特别   2. 挠   3. 理想   4. 丰富   5. 适合   6. 趴   7. 保证   8. 隔

四、选择合适的词语填空

1. 蔓延   2. 烦恼   3. 同时   4. 耽误   5. 迷恋   6. 甚至   7. 提醒   8. 通畅

五、选择正确的位置

1. B   2. B   3. B   4. A   5. B   6. C   7. A   8. C

六、选择正确答案

1. D   2. B   3. C   4. A   5. B   6. B   7. C   8. B

七、用"上"、"下"完成句子

1. 上   2. 上   3. 下   4. 上   5. 下   6. 下   7. 下   8. 上

八、根据课文内容填空

提　减　意　畅　隔　鲜　节　康

十、阅读理解

（一）根据短文内容判断正误

1. √   2. √   3. ×   4. ×   5. ×

第四十二课 富贵病

二、辨字组词（答案不唯一）

竟（竟然）　　脂（脂肪）　　肝（肝脏）　　堆（土堆）
竞（竞赛）　　指（指头）　　汗（汗水）　　椎（脊椎）

减（减少）　　　呕（呕吐）　　　措（措施）　　　缓（缓慢）

喊（喊叫）　　　枢（中枢）　　　借（借书）　　　暖（暖和）

三、比较词语，并选择填空

1. 及时　　2. 生命　　3. 提高　　4. 首选　　5. 危害　　6. 一般　　7. 发育　　8. 明显

四、选择合适的词语填空

1. 竟然　　2. 打听　　3. 随着　　4. 仅次于　　5. 超过　　6. 具有　　7. 发育　　8. 避免

五、选择正确的位置

1. B　　　2. B　　　3. C　　　4. C　　　5. B　　　6. B　　　7. C　　　8. B

六、选择正确答案

1. B　　　2. D　　　3. C　　　4. D　　　5. C　　　6. C　　　7. C　　　8. D

七、把下列词语组合成语序正确的句子

1. 究竟是什么原因导致了脂肪肝?

2. 控制饮食是治疗脂肪肝的首选方法。

3. 脂肪肝与生活方式有密切联系。

4. 甲型肝炎一般发病时间比较短。

5. 小儿肝炎容易被家长忽视。

6. 肝炎病人可以逐渐增加活动量。

八、根据课文内容填空

由　　染　　采　　息　　加　　劳　　恢

九、根据课文提供的医学知识判断下列说法是否正确

1. ×　　　2. ×　　　3. ×　　　4. ×　　　5. √　　　6. √　　　7. ×　　　8. √

十、阅读理解

（一）根据短文内容判断正误

1. ×　　　2. √　　　3. ×　　　4. ×　　　5. √

第四十三课　中毒以后怎么办

二、给下列汉字组词，并组成短语

离：离开（离开家乡）　　　供：供应（供应不足）　　　失：失败（承认失败）

距离（距离很远）　　　　　提供（提供资金）　　　　　损失（损失惨重）

发：发现（发现问题）　　　充：充分（充分说明）　　　参：参加（参加会议）

发表（发表意见）　　　　　充足（资金充足）　　　　　参考（参考资料）

取：取得（取得成功）　　　现：现在（现在开始）　　　收：收入（增加收入）
　　夺取（夺取胜利）　　　　表现（表现优异）　　　　吸收（吸收水分）

三、给下列词语连线

破坏细胞　　　失去功能　　　输送氧气　　　缺乏供应　　　危及生命
情况紧急　　　功能紊乱　　　措施得当　　　血压降低　　　拨打电话

四、选择合适的词语填空

1. 脱离　　2. 功能　　3. 充足　　4. 昏迷　　5. 典型　　6. 采取　　7. 污染　　8. 剧烈

五、选择正确的位置

1. C　　　2. B　　　3. D　　　4. C　　　5. B　　　6. C　　　7. C　　　8. C

六、选择正确答案

1. A　　　2. D　　　3. A　　　4. B　　　5. C　　　6. C　　　7. B　　　8. C

七、用所给的词语完成下列句子

1. 再也没见过面
2. 因为昨晚睡得太晚了
3. 一面写作业
4. 尽快让中毒者离开中毒环境
5. 吃了被细菌污染的食物或者吃了有毒性的东西而引起的急性中毒性疾病
6. 急急忙忙地冲进了急诊室

九、根据课文提供的医学知识判断下列说法是否正确

1. √　　　2. √　　　3. √　　　4. √　　　5. ×　　　6. √　　　7. √　　　8. ×

十、阅读理解

（一）根据短文内容判断正误

1. ×　　　2. √　　　3. ×　　　4. ×　　　5. √

第四十四课　医生日记两则

二、给下列多音字注音，并组词

教：jiāo（教书）　　　血：xiě（流血）　　　的：de（我的）
　　jiào（教师）　　　　xuè（血管）　　　　dì（目的）
　　　　　　　　　　　　　　　　　　　　　dí（的确）

便：biàn（方便）　　　处：chǔ（处罚）　　　空：kōng（天空）
　　pián（便宜）　　　　chù（处所）　　　　kòng（有空）

行：xíng（行动）　　　当：dāng（当时）　　　相：xiāng（互相）

háng（银行）　　　　dàng（上当）　　　　xiàng（照相）

三、给下列词语连线

青紫的颜色　　神奇的魔术　　和蔼地说　　使劲儿地挣扎　　乖乖地睡觉

传来叫声　　　延长时间　　　遇到情况　　实施手术　　　配合治疗

四、选择合适的词语填空

1. 到底　2. 一个劲儿　3. 至少　4. 延长　5. 挣扎　6. 一时　7. 顺利　8. 提供

五、选择正确的位置

1. C　　　2. B　　　3. B　　　4. B　　　5. B　　　6. B　　　7. B　　　8. D

六、选择正确答案

1. C　　　2. D　　　3. C　　　4. B　　　5. C　　　6. A　　　7. B　　　8. B

七、仿照例句,用所给的词语造句子

1. 不知怎么回事,今天早上我的左眼皮一个劲儿地跳。

2. 你到底跟不跟我们去爬山啊?

3. 我花了半个小时,终于把这道题算出来了。

4. 听说妈妈生病住院了,他一下子愣住了。

5. 阿里木乒乓球打得特别好,在班里几乎没有对手。

6. 这两种饼干都是进口的,一种是美国产的,另一种是日本产的。

八、根据课文内容填空

至　忘　疗　供　忽　灵

十、阅读理解

(一)根据短文内容选择正确答案

1. A　　　2. C　　　3. D　　　4. C　　　5. D

第四十五课　天使的责任

二、给下列汉字组词,并组成短语

护:护理(精心护理)　　　理:理想(实现理想)　　　提:提高(提高水平)

　　保护(保护财产)　　　　修理(修理机器)　　　　提供(提供支持)

接:接受(接受教育)　　　减:减少(减少麻烦)　　　预:预防(预防疾病)

　　直接(直接原因)　　　　减轻(减轻压力)　　　　预先(预先了解)

传:传递(传递信息)　　　望:希望(衷心希望)　　　表:表示(表示祝贺)

　　传达(传达命令)　　　　看望(看望病人)　　　　发表(发表演讲)

三、比较词语，并选择填空

1. 简直　　2. 几乎　　3. 简直　　4. 几乎　　5. 终于　　6. 究竟　　7. 到底　　8. 到底

9. 一直　　10. 一向　　11. 一定　　12. 肯定

四、选择合适的词语填空

1. 安排　　2. 厉害　　3. 破坏　　4. 根治　　5. 护理　　6. 配合　　7. 延长　　8. 钦佩

五、选择正确的位置

1. B　　　2. C　　　3. B　　　4. A　　　5. D　　　6. B　　　7. B　　　8. C

六、选择正确答案

1. D　　　2. B　　　3. C　　　4. B　　　5. D　　　6. D　　　7. A　　　8. D

七、把下列词语组合成语序正确的句子

1. 艾滋病是一种最厉害的性传染疾病。

2. 我们必须马上接受培训。

3. 艾滋病传播的途径只有三种。

4. 我希望能给病人带来快乐。

5. 免疫力低的人容易感染各种疾病。

6. 我的化验单被护士长贴在小黑板上。

八、根据课文内容填空

受　　染　　疫　　频　　致　　要

十、阅读理解

（一）根据短文内容判断正误

1. ×　　　2. ✓　　　3. ×　　　4. ✓　　　5. ×

第一课　奇妙的人体

二、熟读下列具有相同语素的词语并选择填空

1. 肌体　　2. 蛋白质　3. 材料　　4. 身体　　5. 人体　　6. 心肌　　7. 布料　　8. 脂质

四、选择适当的词语填空

1. 衰老　　2. 分布　　3. 包括　　4. 完整　　　5. 协调
6. 吸收　　7. 执行　　8. 修复　　9. 一成不变　　10. 成千上万

五、选择正确答案

1. A　　　2. A　　　3. B　　　4. C　　　5. D　　　6. C　　　7. A　　　8. B

六、给( )里的词选择正确的位置

1. C　　　2. B　　　3. C　　　4. C　　　5. C　　　6. A　　　7. D　　　8. A

七、用指定词语或结构完成句子或对话

1. 仅由内科和外科构成
2. 而他却不管什么东西,依旧大吃大喝
3. 同时还要去学校授课
4. 同时也可以采用中医的按摩、针灸等来辅助治疗
5. 根据最新的化验结果
6. 是我们医院的名医之一
7. 是新疆维吾尔自治区重点卫校之一
8. 把眼睛比作心灵的窗户

八、根据课文内容做练习

(一)连线

人体　　　　　生命最小的单位
组织　　　　　功能相关的器官连接在一起,完成一种连续的生理功能
系统　　　　　由形态、功能相似的细胞和细胞间质组成
细胞　　　　　由多种组织构成的、能行使一定功能的结构单位
器官　　　　　人类最大的组织
神经元　　　　负责各种运动的组织
肌肉组织　　　具有接受刺激和传导兴奋的功能
上皮组织　　　由细胞、组织、器官和系统逐级构建的统一体

（二）判断对错

1. ×   2. √   3. ×   4. √   5. ×   6. ×   7. ×   8. √

九、阅读理解

（一）选择正确答案

1. A   2. C   3. C   4. C   5. D

（二）判断对错

1. ×   2. √   3. √   4. ×   5. ×

第二课　走近人体

二、熟读下列具有相同语素的词语并选择填空

1. 内侧   2. 左侧   3. 恶化   4. 肝硬化
5. 接种者   6. 献血者   7. O 型血   8. 乙型肝炎

四、选择适当的词语填空

1. 隆起   2. 依   3. 并拢   4. 规定   5. 形形色色
6. 凡   7. 涌动   8. 恰好   9. 统一   10. 轨迹

五、选择正确答案

1. C   2. D   3. B   4. B   5. D   6. A   7. B   8. A

六、给(　)里的词选择正确的位置

1. C   2. A   3. A   4. C   5. A   6. B   7. B   8. C

七、用指定词语或结构完成句子或对话

1. 在选择专业的问题上
2. 挂上他的号了
3. 按原计划进行
4. 按照医院的需要
5. 护理专业的学生以女生为主
6. 以服务病人为原则
7. 沿这条走廊一直向前走
8. 凡是发烧的病人都要去发热门诊

八、根据课文内容做练习

（一）连线

颈　————　连接头部与躯干，俗称脖子

人体　　　　沿矢状轴方向所做的切面,将人体分为左右两部分的纵切面

大脑　　　　分为上肢和下肢,包括上臂、前臂、手、臀、大腿、小腿和足

内侧　　　　前面分为胸、腹、盆部和会阴,后面分为背和腰

躯干　　　　表面是皮肤,下面有肌肉和骨骼,可分为头、颈、躯干和四肢

四肢　　　　位于头部颅骨内,是人体活动的最高指挥官

矢状面　　　沿冠状轴方向所做的切面,将人体分为前后两部分的纵切面

冠状面　　　以身体正中矢状面为准,靠近正中线者

（二）判断对错

1. √　　　2. ×　　　3. ×　　　4. ×　　　5. ×　　　6. ×　　　7. ×　　　8. ×

九、阅读理解

（一）选择正确答案

1. C　　　2. A　　　3. D　　　4. D　　　5. C

（二）判断对错

1. ×　　　2. ×　　　3. √　　　4. ×　　　5. √

第三课　生命的动力——六大营养素

二、熟读下列具有相同语素的词语并选择填空

1. 饱腹感　　2. 幽默感　　3. 乳酸　　4. 氨基酸

5. 纤维素　　6. 营养素　　7. 脂溶性　　8. 遗传性

四、选择适当的词语填空

1. 协助　　2. 摄取　　3. 更新　　4. 平衡　　5. 发挥

6. 归纳　　7. 分解　　8. 合成　　9. 承担　　10. 修补

五、选择正确答案

1. D　　2. B　　3. A　　4. D　　5. A　　6. A　　7. A　　8. A

六、给( )里的词选择正确的位置

1. C　　2. C　　3. C　　4. B　　5. C　　6. B　　7. A　　8. C

七、用指定词语或结构完成句子或对话

1. 与北京的专科医院相比

2. 相比于过去

3. 被称为"三高"

4. 人们也把癌症称为死神

5. 没有蛋白质,就没有生命活动

6. 以为病人提供最好的护理服务为己任

7. 其中周大夫不但闻名于国内,在国际上也很有名

8. 适量献血于身体并没有太大影响

八、根据课文内容做练习

(一)连线

糖 —— 构成组织细胞的主要成分,生命活动的物质基础

水 —— 贮能和供能、维持体温、保护内脏

脂类 —— 提供生命活动所需要的能量

蛋白质 —— 包括铁、铜、碘、锌、锰等微量元素

无机盐 —— 在参与物质代谢和维持生理功能等方面发挥作用

维生素 —— 促进物质代谢、调节体温、润滑及维持组织形态

营养素 —— 因缺乏碘而造成的一种地方性甲状腺肿

大脖子病 —— 分为六大类,可构成组织结构、修补组织、供给能量等

(二)判断对错

1. ×   2. ×   3. ×   4. ×   5. √   6. ×   7. √   8. ×

九、阅读理解

(一)选择正确答案

1. D   2. B   3. C   4. B   5. A

(二)判断对错

1. √   2. ×   3. ×   4. √   5. ×

第四课　细菌与病毒的"真面目"

二、熟读下列具有相同语素的词语并选择填空

1. 乳酸菌   2. 致病菌   3. 螺旋形   4. 动物界

5. 自然界   6. 病死率   7. 治愈率   8. 致病率

四、选择适当的词语填空

1. 保存   2. 抑制   3. 依次   4. 息息相关   5. 在于   6. 取决

7. 敏感   8. 悬殊   9. 仅   10. 适宜   11. 独立   12. 多种多样

五、选择正确答案

1. B   2. A   3. C   4. D   5. A   6. A   7. A   8. B

六、给( )里的词选择正确的位置

1. A　　2. C　　3. C　　4. B　　5. D　　6. C　　7. C　　8. D

七、用指定词语或结构完成句子或对话

1. 与这种感冒药相似,你可以试一试
2. 你的症状与感冒相似
3. 在老师的耐心指导下
4. 在医生的悉心帮助下
5. 由过量饮酒引起的
6. 由饮食不洁引起
7. 取决于你的努力程度
8. 取决于你去医院的时间

八、根据课文内容做练习

(一)连线

细菌　　　　　　　　一种有益菌,有利于人体消化
病毒　　　　　　　　一个细菌个体一分为二成为两个细菌个体
病原菌　　　　　　　只含有一类核酸,以自我复制方式增殖的非细胞型微生物
垂直传播　　　　　　一种有益菌,在正常人体的肠道内可合成维生素K
水平传播　　　　　　单细胞原核细胞型微生物,无完整的细胞核
大肠杆菌　　　　　　风疹病毒、巨细胞病毒、乙型肝炎病毒的传播方式
分裂生殖　　　　　　对人体有害,具有致病性的细菌
乳酸杆菌　　　　　　流感病毒、麻疹病毒、肠道病毒等的传播方式

(二)判断对错

1. √　　2. ×　　3. ×　　4. ×　　5. ×　　6. ×　　7. √　　8. ×

九、阅读理解

(一)选择正确答案

1. D　　2. C　　3. C　　4. A　　5. A

(二)判断对错

1. √　　2. √　　3. ×　　4. √　　5. ×

第五课　运动的枢纽

二、熟读下列具有相同语素的词语并选择填空

1. 唾液　　2. 尿液　　3. 柔韧度　　4. 知名度
5. 腹腔　　6. 胸腔　　7. 分泌物　　8. 化合物

四、选择适当的词语填空

1. 犹如　　　2. 跋山涉水　　3. 摩擦　　　　4. 被覆　　　　5. 承受　　　6. 震荡

7. 变形　　　8. 移位　　　　9. 间接　　　10. 灵活　　　11. 广阔　　　12. 牢固

五、选择正确答案

1. A　　　2. C　　　3. B　　　4. A　　　5. D　　　6. B　　　7. B　　　8. A

六、给( )里的词选择正确的位置

1. B　　　2. D　　　3. B　　　4. D　　　5. B　　　6. B　　　7. B　　　8. C

七、用指定词语或结构完成句子或对话

1. 或吃止疼药或做手术,你自己决定吧

2. 或采用食疗或按摩

3. 从你的化验结果来看

4. 从你的气色来看

5. 从细胞的结构来看

6. 连普通号都挂不上,更别说专家号了

7. 连小病都没得过,更别说大病了

8. 连老人孩子都知道,更别说医生了

八、根据课文内容做练习

(一)连线

骨骼　　　　　　骨与骨之间借结缔组织囊相连的一种连结形式

骨膜　　　　　　关节的一部分,由致密结缔组织构成

骨质　　　　　　分为纤维连结、软骨连结和骨性连结三种形式

骨髓　　　　　　临床上常在髂骨和胸骨处穿刺抽取的物质,用于检查

关节囊　　　　　运动系统的一部分,以不同形式的骨连结连接在一起

直接连结　　　　被覆于除关节面以外的骨表面,由结缔组织构成

间接连结　　　　被覆于关节表面,有利于关节活动

关节软骨　　　　骨的实质,分为骨密质和骨松质

(二)判断对错

1. √　　　2. ×　　　3. ×　　　4. ×　　　5. ×　　　6. ×　　　7. ×　　　8. √

九、阅读理解

(一)选择正确答案

1. D　　　2. B　　　3. A　　　4. D　　　5. C

(二)判断对错

1. ×　　　2. ×　　　3. ×　　　4. ×　　　5. ×

第六课　运动的动力

二、熟读下列具有相同语素的词语并选择填空

　　1. 烫伤　　　　2. 拉伤　　　　3. 扁带状　　　　4. 环状
　　5. 能量　　　　6. 运动量　　　7. 尿道　　　　　8. 呼吸道

四、选择适当的词语填空

　　1. 放松　　　2. 起伏　　　3. 包裹　　　4. 譬如　　　5. 衰退　　　6. 牵引
　　7. 健美　　　8. 显著　　　9. 赏心悦目　10. 迟钝　　11. 急剧　　12. 柔软

五、选择正确答案

　　1. D　　　　2. A　　　　3. B　　　　4. C　　　　5. D　　　　6. B　　　　7. A　　　　8. D

六、给(　)里的词选择正确的位置

　　1. C　　　2. B　　　3. D　　　4. B　　　5. B　　　6. B　　　7. C　　　8. D

七、用指定词语或结构完成句子或对话

　　1. 热情而耐心
　　2. 而刘医生尤其优秀
　　3. 随着医疗水平的不断提高
　　4. 随着年龄的增长
　　5. 无论多晚,只要病人有需要就得随时去医院
　　6. 无论花多少钱,我们都要救治他
　　7. 护士则负责护理、照顾病人
　　8. 西医则见效较快

八、根据课文内容做练习

(一)连线

肌肉　　　　　能使骨头活动的随意肌,全身约有六百多块
心肌　　　　　受自主神经支配的分布于呼吸道和胃肠道等器官的肌肉
长肌　　　　　心脏特有的肌肉组织,能自动地有节律地收缩
阔肌　　　　　肌肉在运动中急剧收缩或过度牵拉引起的肌肉损伤
骨骼肌　　　　多见于四肢,收缩时显著缩短,可引起大幅度的运动
平滑肌　　　　呈薄片状,多见于胸腹壁,对内脏有保护作用
躯干肌　　　　包括有收缩能力的肌腹和无收缩能力的肌腱两部分
肌肉拉伤　　　包括背肌、胸肌、腹肌和膈等几部分

(二)判断对错

　　1. √　　　2. ×　　　3. ×　　　4. ×　　　5. √　　　6. ×　　　7. √　　　8. ×

九、阅读理解

（一）选择正确答案

1. D　　　2. C　　　3. A　　　4. C　　　5. C

（二）判断对错

1. √　　　2. ×　　　3. √　　　4. ×　　　5. ×

第七课　人体的顶梁柱——脊柱

二、熟读下列具有相同语素的词语并选择填空

1. 俗称　2. 昵称　3. 颈椎　4. 胸椎　5. 末端　6. 下端　7. 血管　8. 食管

四、选择适当的词语填空

1. 积累　2. 错位　3. 比喻　4. 突出　5. 缓冲

6. 借助　7. 密集　8. 联合　9. 弯曲　10. 继而

五、选择正确答案

1. C　　2. A　　3. C　　4. C　　5. A　　6. D　　7. B　　8. A

六、给( )里的词选择正确的位置

1. C　　2. B　　3. C　　4. C　　5. A　　6. C　　7. D　　8. B

七、用指定词语或结构完成句子或对话

1. 医学基本知识以及专门的护理知识

2. 对医生而言

3. 对那位病人来说

4. 从医院至机场

5. 乃至每一块皮肤,对人体来说,都起着重要的作用

6. 乃至国外的一些知名医院都邀请他去作报告

7. 不仅会引起疼痛,甚至会导致牙齿坏死

8. 不仅具有较强的传染性,严重时甚至出现败血症,危及生命

八、根据课文内容做练习

（一）连线

脊柱 —— 由椎体和椎弓两部分组成，一共包括 7 块
脊髓 —— 由所有的椎孔相连而构成
椎管 —— 由前方的椎体和后方的附件组成
颈椎 —— 连接两个椎体，具有良好的弹性，可以缓冲压力，减少震荡
胸椎 —— 位于椎间盘的中央，富含水分，呈胶冻状的弹性蛋白
腰椎 —— 包括 12 块椎骨，稳定性好，不易错位
髓核 —— 存在于脊柱内部的纵形脊管内
纤维环 —— 由椎骨、骶骨和尾骨借助韧带、关节以及椎间盘连接而成

（二）判断对错

1. ×　　2. √　　3. ×　　4. ×　　5. ×　　6. ×　　7. √　　8. √

九、阅读理解

（一）选择正确答案

1. C　　2. D　　3. C　　4. D　　5. B

（二）判断对错

1. √　　2. ×　　3. ×　　4. √　　5. ×

第八课　能量补充站——消化系统

二、熟读下列具有相同语素的词语并选择填空

1. 头部　　2. 腿部　　3. 盲肠　　4. 小肠　　5. 腮腺　　6. 唾液腺　　7. 内脏　　8. 肾脏

四、选择适当的词语填空

1. 运转　　2. 改造　　3. 加工　　4. 推动　　5. 贮存
6. 机械　　7. 复杂　　8. 获取　　9. 杀灭　　10. 推移

五、选择正确答案

1. A　　2. A　　3. A　　4. C　　5. B　　6. B　　7. A　　8. A

六、给( )里的词选择正确的位置

1. C　　2. A　　3. C　　4. B　　5. C　　6. C　　7. C　　8. B

七、用指定词语或结构完成句子或对话

1. 从而顺利地成为了一名医生
2. 从而很好地降低了血糖
3. 从而积累了一定的经验
4. 重压之下

5. 站在舞台之上

6. 血常规检查的白细胞正常值在 $4 \times 10^9/L$ 到 $8 \times 10^9/L$ 之间

7. 其实他的身体没什么大问题

8. 其实很多时候事实并非如此

八、根据课文内容做练习

（一）连线

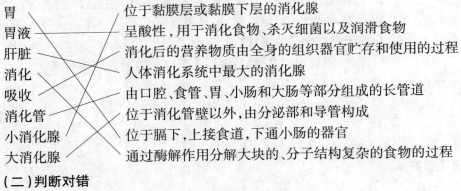

胃	位于黏膜层或黏膜下层的消化腺
胃液	呈酸性，用于消化食物、杀灭细菌以及润滑食物
肝脏	消化后的营养物质由全身的组织器官贮存和使用的过程
消化	人体消化系统中最大的消化腺
吸收	由口腔、食管、胃、小肠和大肠等部分组成的长管道
消化管	位于消化管壁以外，由分泌部和导管构成
小消化腺	位于膈下，上接食道，下通小肠的器官
大消化腺	通过酶解作用分解大块的、分子结构复杂的食物的过程

（二）判断对错

1. √   2. ×   3. √   4. ×   5. √   6. ×   7. ×   8. ×

九、阅读理解

（一）选择正确答案

1. D   2. A   3. B   4. A   5. D

（二）判断对错

1. √   2. ×   3. ×   4. √   5. ×

第九课　胃病靠"养"

二、熟读下列具有相同语素的词语并选择填空

1. 聚餐　2. 中餐　3. 神经科　4. 口腔科　5. 药品　6. 补品　7. 脂肪酶　8. 转氨酶

四、选择适当的词语填空

1. 列　2. 忌　3. 癌变　4. 偏爱　5. 综合　6. 确诊

7. 消退　8. 加重　9. 清淡　10. 粗糙　11. 辛辣　12. 坚硬

五、选择正确答案

1. A   2. C   3. D   4. A   5. A   6. C   7. A   8. B

六、给（　）里的词选择正确的位置

1. B   2. C   3. C   4. A   5. D   6. B   7. C   8. B

七、用指定词语或结构完成句子或对话

1. 将癌症列为人类健康杀手之一

2. 将这个项目列为全院重点项目

3. 将他列为重点培养对象

4. 所谓"心理护理"实际上是指在护理过程中,护士通过各种方式和途径,积极地影响病人的心理状态,帮助病人在其自身条件下获得最适宜的身心状态

5. 所谓"地方性甲状腺肿"实际上就是俗称的"大脖子病"

6. 此外,还应该加强体育锻炼,增强免疫力

7. 此外,饮食一定要清淡

8. 此外也有几个美国和欧洲的专家和教授

八、根据课文内容做练习

(一)连线

胃　　　　　　　　　以上消化道出血为主要表现,有呕血和黑粪

胃炎　　　　　　　　病程长,会饭后饱胀、泛酸、嗳气、无规律性腹痛

急性胃炎　　　　　　一种人体器官,具有对食物的贮存、消化和运送功能

慢性胃炎　　　　　　胃炎的一种,常包括单纯性和糜烂性两种

单纯性胃炎　　　　　有上腹不适、疼痛、厌食和恶心、呕吐等症状

糜烂性胃炎　　　　　发生在口腔、唾液腺、食管、胃、肠等脏器的疾病

高油高脂食物　　　　胃黏膜炎症的统称

消化系统疾病　　　　包括油炸食品和洋快餐等,会给胃部带来很大的负担

(二)判断对错

1. ×　　　2. ×　　　3. √　　　4. ×　　　5. ×　　　6. √　　　7. ×　　　8. √

九、阅读理解

(一)选择正确答案

1. C　　　2. D　　　3. D　　　4. D　　　5. D

(二)判断对错

1. ×　　　2. √　　　3. √　　　4. √　　　5. √

第十课　气体交换站——呼吸系统

二、熟读下列具有相同语素的词语并选择填空

1. 肠炎　　2. 气管炎　　3. 肠炎　　4. 血管壁　　5. 肺泡　　6. 水泡　　7. 胃黏膜　　8. 眼角膜

四、选择适当的词语填空

1. 透过　　2. 滞留　　3. 漏　　4. 赖以　　5. 清除　　6. 沉积

7. 狭窄　　8. 有效　　9. 新生　　10. 罪魁祸首　　11. 错乱　　12. 狂躁

五、选择正确答案

1. B　　　2. B　　　3. D　　　4. B　　　5. C　　　6. A　　　7. A　　　8. A

六、给( )里的词选择正确的位置

1. C　　　2. A　　　3. B　　　4. C　　　5. B　　　6. D　　　7. C　　　8. A

七、用指定词语或结构完成句子或对话

1. 先学习语言,再学习专业,然后去医院实习,最后通过各项考试后

2. 先请医生签出院通知单,再去交清各项费用,然后到药房取药,最后收拾东西离开医院

3. 为使血压不继续升高

4. 为使你的病情不致再复发

5. 为使血糖指数不致增加

6. 到目前为止

7. 到今天为止

8. 直到手术结束为止

八、根据课文内容做练习

(一)连线

肺　　　　　　　含氧气多二氧化碳少的血液

肺泡　　　　　　肌体与外界环境之间的气体交换过程

呼吸　　　　　　含氧气少二氧化碳多的血液

胸膜　　　　　　夹在两侧纵隔胸膜之间的器官及结缔组织的总称

纵隔　　　　　　覆盖在胸壁内面和膈肌上面等处的部分胸膜

动脉血　　　　　一种平滑光泽的浆膜

静脉血　　　　　人体与外界不断进行气体交换的主要部位

胸膜壁层　　　　由支气管及其最小分支末端膨大形成的肺泡构成

(二)判断对错

1. ×　　　2. ×　　　3. ×　　　4. √　　　5. ×　　　6. ×　　　7. √　　　8. √

九、阅读理解

(一)选择正确答案

1. A　　　2. C　　　3. D　　　4. D　　　5. A

(二)判断对错

1. √　　　2. ×　　　3. √　　　4. √　　　5. ×

第十一课　当心感冒变肺炎

二、熟读下列具有相同语素的词语并选择填空

1. 疫情　　2. 病情　　3. 腹痛　　4. 关节痛

5. 抵抗力　6. 影响力　7. 高发期　8. 发育期

四、选择适当的词语填空

1. 漂浮　　2. 结合　　3. 衰弱　　4. 依据　　5. 防微杜渐　6. 伴有

7. 庆幸　　8. 急促　　9. 细致　　10. 拥挤　　11. 虚弱　　12. 耐心

五、选择正确答案

1. A　　2. A　　3. C　　4. A　　5. A　　6. B　　7. D　　8. A

六、给( )里的词选择正确的位置

1. C　　2. C　　3. C　　4. C　　5. C　　6. D　　7. D　　8. C

七、用指定词语或结构完成句子或对话

1. 于是很多病友都来祝贺他

2. 于是解决了一个多年的医学难题

3. 于是很多病人纷纷来到这家医院看专家门诊

4. 你的咳嗽是因长期吸烟所致

5. 现在很多病人生病都是因工作繁忙、过度劳累所致

6. 因不正确的站立、行走姿势所致

7. 伴有腹痛、恶心、呕吐等症状

8. 并伴有失眠症状

八、根据课文内容做练习

(一)连线

肺炎 —— 体温上升到39~40度或以上

高热 —— 大叶性肺炎严重或未得到及时治疗的病人可能有的一种并发症

肺脓肿 —— 包括大叶性肺炎、小叶性肺炎及间质性肺炎三种

青霉素 —— 得了肺炎后,体内大量增加的一种细胞

呼吸系统 —— 引起大叶性肺炎最主要的一种细菌

大叶性肺炎 —— 由呼吸道和肺两部分组成

肺炎链球菌 —— 治疗大叶性肺炎首选的一种消炎药

中性粒细胞 —— 发生于肺组织的急性纤维蛋白性炎症

(二)判断对错

1. √　　2. ×　　3. ×　　4. ×　　5. ×　　6. √　　7. ×　　8. √

九、阅读理解

（一）选择正确答案

1. A   2. B   3. B   4. A   5. C

（二）判断对错

1. ×   2. √   3. ×   4. ×   5. √

第十二课　生命运输线——心血管系统

二、熟读下列具有相同语素的词语并选择填空

1. 上方   2. 下方   3. 血凝块   4. 肿块

5. 左心室   6. 办公室   7. 铁锈色   8. 鲜红色

四、选择适当的词语填空

1. 跳动   2. 交叉   3. 试验   4. 得以   5. 汇合   6. 相容

7. 繁忙   8. 透明   9. 全能   10. 封闭   11. 完善   12. 熙熙攘攘

五、选择正确答案

1. C   2. B   3. C   4. D   5. A   6. B   7. A   8. B

六、给( )里的词选择正确的位置

1. C   2. C   3. D   4. C   5. C   6. C   7. B   8. C

七、用指定词语或结构完成句子或对话

1. 否则会有严重后果

2. 否则会对药物产生依赖心理

3. 否则医院肯定不会聘用你

4. 如果服药后有不良反应则应立即停药

5. 如果病情稳定则可以离开

6. 如果过多地摄入糖类则可能引发糖尿病

7. 并不能总待在家里，不做任何运动

8. 并非饮食造成的

八、根据课文内容做练习

（一）连线

动脉　　　　　　　O 型血的人,他们可以把血捐给任何人

静脉　　　　　　　呈网状,血液与组织间的物质交换场所

输血　　　　　　　自心脏发出,反复分支后,分布到全身各部组织内

主侧　　　　　　　AB 型血的人,他们能接受来自于不同血型的血液

次侧　　　　　　　供血者红细胞与受血者血清相混合

毛细血管　　　　　受血者红细胞与供血者血清相混合

全能捐赠者　　　　毛细血管逐渐汇合成的血管,最后返回到心脏

全能接收者　　　　从一个人身上抽取血液输入另一个人体内的过程

（二）判断对错

1. √　　　2. √　　　3. √　　　4. ×　　　5. ×　　　6. ×　　　7. ×　　　8. ×

九、阅读理解

（一）选择正确答案

1. D　　　2. C　　　3. A　　　4. B　　　5. A

（二）判断对错

1. ×　　　2. ×　　　3. √　　　4. ×　　　5. ×

第十三课　人体内的"溪流"——淋巴系统

二、熟读下列具有相同语素的词语并选择填空

1. 糖类　　2. 豆类　　3. 眼压　　4. 颅压

5. 尿毒症　6. 抑郁症　7. 喉结　　8. 淋巴结

四、选择适当的词语填空

1. 过滤　　2. 打击　　3. 收集　　4. 继续　　5. 途经　　6. 增生

7. 辅助　　8. 过渡　　9. 相当　　10. 脆　　11. 重新　　12. 紧密

五、选择正确答案

1. D　　2. B　　3. A　　4. D　　5. B　　6. D　　7. B　　8. B

六、给( )里的词选择正确的位置

1. D　　2. B　　3. D　　4. C　　5. D　　6. A　　7. B　　8. C

七、用指定词语或结构完成句子或对话

1. 病人病情加重与其没有按时服药相关

2. 与这家医院高超的医疗水平紧密相关

3. 由医院专门从国外聘请而来的

4. 这种药由多种中草药提炼而成

5. 由多位知名医学专家组合而成

6. 相当于医院的主任医师

7. 相当于普通人的两倍

8. 需要相当长的时间

八、根据课文内容做练习

（一）连线

脾 —— 作用类似于中国古代的烽火台，能反映人体器官的病变

淋巴 —— 由毛细淋巴管会聚而成

胸腺 —— 负责收集皮肤和皮下组织的淋巴液

淋巴管 —— 位于腹腔的左上方，呈扁椭圆形，暗红色

淋巴干 —— 位于胸骨后，气管、肺和食管前，紧靠心脏，分左、右两叶

淋巴结 —— 负责收集肌肉、内脏等处的淋巴

浅淋巴管 —— 由深、浅淋巴管的最后一群淋巴结的输出管汇合而成

深淋巴管 —— 组织液与细胞进行物质交换后，渗入毛细淋巴管的小部分

（二）判断对错

1. ×　　2. √　　3. ×　　4. ×　　5. √　　6. ×　　7. ×　　8. √

九、阅读理解

（一）选择正确答案

1. C　　2. A　　3. C　　4. B　　5. D

（二）判断对错

1. √　　2. ×　　3. √　　4. √　　5. ×

第十四课　健康从"心"开始

二、熟读下列具有相同语素的词语并选择填空

1. 血压　　2. 血糖　　3. 病因　　4. 病历　　5. 心悸　　6. 心烦　　7. 贪吃　　8. 贪睡

四、选择适当的词语填空

1. 反思　　2. 超标　　3. 涉及　　4. 失衡　　5. 醒悟　　6. 手足无措

7. 普遍　　8. 不良　　9. 严格　　10. 激动　　11. 一目了然　　12. 日常

五、选择正确答案

1. C　　2. A　　3. B　　4. C　　5. A　　6. D　　7. B　　8. A

六、给( )里的词选择正确的位置

1. D　　　2. A　　　3. D　　　4. D　　　5. C　　　6. C　　　7. B　　　8. C

七、用指定词语或结构完成句子或对话

1. 可见你的病情并不严重

2. 可见你的身体出问题了

3. 可见他可能患了传染病

4. 为照顾弟弟妹妹而努力工作

5. 为成为一名优秀的护士而努力学习

6. 为感谢你对他的关照而送的

7. 尽量让其保持平静，不要刺激病人

8. 尽量少吃高脂肪的食品

八、根据课文内容做练习

（一）连线

心悸　　　　　　心血管疾病的罪魁祸首

三高　　　　　　肥胖者、高脂血症家族史者、高度精神紧张工作者等

磷脂　　　　　　高血脂、高血压和高血糖症三种病症

心脏病　　　　　心血管疾病的主要症状之一

高血压　　　　　高热量、高蛋白、高脂肪、低膳食纤维的饮食结构

膳食纤维　　　　降低血清胆固醇浓度的物质

三高一低　　　　大豆中含有的物质，能预防心血管疾病

心血管病高危对象　人类健康的头号杀手

（二）判断对错

1. √　　　2. ×　　　3. ×　　　4. √　　　5. ×　　　6. ×　　　7. ×　　　8. √

九、阅读理解

（一）选择正确答案

1. C　　　2. A　　　3. A　　　4. A　　　5. B

（二）判断对错

1. √　　　2. ×　　　3. ×　　　4. ×　　　5. √

第十五课　人体净化器——泌尿系统

二、熟读下列具有相同语素的词语并选择填空

1. 非正式　　2. 非典型　　3. 副主任　　4. 副院长

5. 可怕　　　6. 可爱　　　7. 初次　　　8. 初期

四、选择适当的词语填空

1. 反射 2. 揭示 3. 多余 4. 凹陷 5. 细长
6. 邻 7. 相应 8. 呈现 9. 间断 10. 交界

五、选择正确答案

1. A 2. C 3. D 4. A 5. B 6. B 7. A 8. D

六、给( )里的词选择正确的位置

1. D 2. A 3. C 4. B 5. D 6. A 7. B 8. B

七、用指定词语或结构完成句子或对话

1. 起自 2005 年止于 2010 年

2. 起自乌鲁木齐止于喀什

3. 起自肩止于肘

4. 起自 14 号止于 17 号

5. 随时间的推移而自动消除

6. 随病人病情的变化而或喜或悲

7. 随季节变化而繁殖、生长、死亡

8. 随温度的升高而死亡

八、根据课文内容做练习

(一)连线

肾 —— 分内外两层,外层为皮质,内层为髓质

肾门 —— 新鲜时呈淡红色,由 10 ~ 20 个肾锥体构成

肾窦 —— 部分肾皮质伸展至髓质锥体间形成的部分

肾柱 —— 成对的实质性器官,红褐色,位于腹后壁,脊柱的两侧

膀胱 —— 肾盂、血管、神经、淋巴管出入的门户

尿道 —— 由肾门凹向肾内的一个较大的腔

肾实质 —— 一个伸缩性很大的肌性贮尿囊

肾髓质 —— 从膀胱通向体外的管道,排尿管道的最后一段

(二)判断对错

1. √ 2. × 3. √ 4. × 5. × 6. × 7. √ 8. √

九、阅读理解

(一)选择正确答案

1. C 2. C 3. A 4. B 5. C

(二)判断对错

1. √ 2. × 3. × 4. √ 5. √

第十六课　泌尿系统的"隐形杀手"——肾炎

二、熟读下列具有相同语素的词语并选择填空

   1. 表现　　2. 表示　　3. 发展　　4. 发出　　5. 排尿　　6. 排便　　7. 严重　　8. 严格

四、选择适当的词语填空

   1. 堪称　　2. 移植　　3. 进展　　4. 流行　　5. 波及　　6. 加以

   7. 令　　8. 难以　　9. 忘我　　10. 隐形　　11. 逐步　　12. 亦

   1. 与日俱增　　2. 束手无策　　3. 蒸蒸日上

   4. 琳琅满目　　5. 尽收眼底　　6. 井井有条

五、选择正确答案

   1. B　　2. B　　3. A　　4. D　　5. B　　6. B　　7. A　　8. D

六、给(　)里的词选择正确的位置

   1. B　　2. D　　3. D　　4. B　　5. C　　6. D　　7. C　　8. A

七、用指定词语或结构完成句子或对话

   1. 失眠的岂止老年人？很多年轻人因为工作压力大也常常失眠

   2. 岂止见过？我和他很熟

   3. 岂止是这位病人

   4. 为广大病人所熟知

   5. 相信你们一定会为众多医院所欢迎

   6. 为这儿良好的工作氛围所吸引

   7. 那么以后你不必再担心了

   8. 那么我们就开始好好儿准备吧

八、根据课文内容做练习

  (一)连线

肾炎　　　　　　　　　　原发于肾脏的独立性疾病,病变主要累及肾脏

水肿　　　　　　　　　　排水、排毒和调节血压

肌酐　　　　　　　　　　其他疾病引起的,肾脏病变是全身性疾病的一部分

尿酸　　　　　　　　　　肌肉代谢的产物

尿素氮　　　　　　　　　蛋白质代谢的最终产物

肾功能　　　　　　　　　核糖核酸代谢的产物

原发性肾小球肾炎　　　　因肾的排水和调节电解质的功能失调而造成的病症

继发性肾小球肾炎　　　　以肾小球损害为主的变态反应性炎症,常见肾脏病

  (二)判断对错

   1. ×　　2. ×　　3. √　　4. √　　5. √　　6. √　　7. ×　　8. ×

九、阅读理解

（一）选择正确答案

1. A   2. B   3. D   4. D   5. A

（二）判断对错

1. √   2. ×   3. √   4. √   5. ×

第十七课　人体司令部——神经系统

二、熟读下列具有相同语素的词语并选择填空

1. 保护   2. 保持   3. 传导   4. 传送
5. 感受   6. 感动   7. 调节   8. 调理

四、选择适当的词语填空

1. 瞬息万变   2. 制约   3. 冲动   4. 绝缘   5. 劳动   6. 命令
7. 高速   8. 默契   9. 孤立   10. 高度   11. 有条不紊   12. 臭

五、选择正确答案

1. B   2. A   3. A   4. D   5. B   6. A   7. C   8. C

六、给(　)里的词选择正确的位置

1. A   2. B   3. C   4. C   5. C   6. C   7. D   8. A

七、用指定词语或结构完成句子或对话

1. 他之所以没来上班,是因为他到北京参加医学会议了

2. 肾脏之所以重要,是因为它承担着排水、排毒、调节血压的重要功能

3. 因而找到了理想的工作

4. 因而医院又改派了别的医生

5. 不是大夫而是护士

6. 一边看电视一边吃饭

7. 既干净又整齐

8. 一会儿左边疼一会儿右边疼

八、根据课文内容做练习

（一）连线

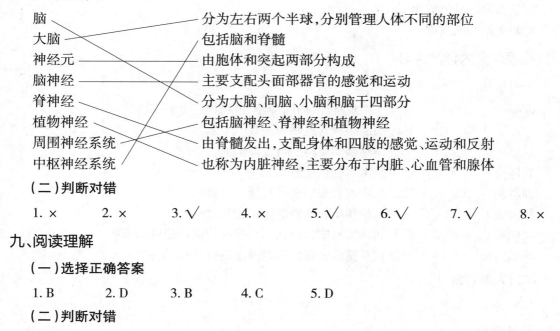

脳　　　　　　　　　　分为左右两个半球，分别管理人体不同的部位

大脑　　　　　　　　　包括脑和脊髓

神经元　　　　　　　　由胞体和突起两部分构成

脑神经　　　　　　　　主要支配头面部器官的感觉和运动

脊神经　　　　　　　　分为大脑、间脑、小脑和脑干四部分

植物神经　　　　　　　包括脑神经、脊神经和植物神经

周围神经系统　　　　　由脊髓发出，支配身体和四肢的感觉、运动和反射

中枢神经系统　　　　　也称为内脏神经，主要分布于内脏、心血管和腺体

（二）判断对错

1. ×　　　2. ×　　　3. √　　　4. ×　　　5. √　　　6. √　　　7. √　　　8. ×

九、阅读理解

（一）选择正确答案

1. B　　　2. D　　　3. B　　　4. C　　　5. D

（二）判断对错

1. ×　　　2. √　　　3. ×　　　4. ×　　　5. √

第十八课　凶险杀手——脑出血

二、熟读下列具有相同语素的词语并选择填空

1. 提供　　2. 提示　　3. 增多　　4. 增强　　5. 改变　　6. 改善　　7. 防治　　8. 防止

四、选择适当的词语填空

1. 垫　　　2. 制止　　3. 抽搐　　4. 裹　　　5. 调整　　6. 摔倒

7. 至关重要　8. 偶尔　　9. 乐观　　10. 安静　　11. 依然　　12. 凶险

五、选择正确答案

1. C　　　2. B　　　3. A　　　4. C　　　5. B　　　6. B　　　7. C　　　8. B

六、给( )里的词选择正确的位置

1. B　　　2. A　　　3. B　　　4. D　　　5. A　　　6. D　　　7. D　　　8. B

七、用指定词语或结构完成句子或对话

1. 因感冒后没有及时治疗而引起

2. 因接触病人而感染病菌

3. 这种药不但疗效好而且没有副作用

4. 况且你的病还没痊愈呢

5. 甚至连个电话都没打

6. 不但不伤心,反而比以前笑得更多了

7. 进而影响身体健康

8. 她更耐心细致呢

八、根据课文内容做练习

(一)连线

癫痫　　　　　　　发生于中枢神经、周围神经、植物神经等的疾病

中风　　　　　　　神经病的一种常见临床表现

昏迷　　　　　　　非外伤性脑实质内的自发性出血

偏瘫　　　　　　　造成脑出血的少见原因之一

神经病　　　　　　脑出血临床表现中全身反应的一种

脑出血　　　　　　血破入脑实质后所致的定位症状之一

动脉瘤　　　　　　脑膜和脑实质中,血管破裂、痉挛或血栓造成的疾病

核磁共振————使脑和脊髓疾病得到迅速确诊的成像技术

(二)判断对错

1. √　　2. ×　　3. √　　4. √　　5. √　　6. ×　　7. √　　8. ×

九、阅读理解

(一)选择正确答案

1. B　　2. A　　3. A　　4. B　　5. C

(二)判断对错

1. ×　　2. ×　　3. ×　　4. ×　　5. ×

第十九课　人体生理机能的调控者——内分泌系统

二、熟读下列具有相同语素的词语并选择填空

1. 造成　2. 组成　3. 侧面　4. 正面　5. 色斑　6. 黄褐斑　7. 球状带　8. 束状带

四、选择适当的词语填空

1. 熬夜　2. 分娩　3. 入手　4. 贮藏　5. 对抗　6. 调控

7. 松弛　8. 广泛　9. 附属　10. 不期而至　11. 相辅相成　12. 进而

五、选择正确答案

1. B　　2. D　　3. C　　4. B　　5. B　　6. A　　7. B　　8. D

六、给( )里的词选择正确的位置

1. B　　2. C　　3. B　　4. B　　5. D　　6. A　　7. A　　8. D

七、用指定词语或结构完成句子或对话

1. 一方面要注意饮食清淡,另一方面要注意多锻炼

2. 一方面其疗效非常明显,另一方面副作用也不小

3. 进而影响全身

4. 红眼病之所以容易复发,是因为痊愈后眼睛的免疫力降低,很容易再次感染

5. 因为他不遵医嘱,所以才导致伤口发炎

6. 因此他已经被隔离治疗

7. 以致节食过度,引发了胃病

8. 既然已经决定手术了,就不要再担心了

八、根据课文内容做练习

(一)连线

激素 　　　　　　　主要指男性的睾丸、女性的卵巢

胰岛 　　　　　　　位于中脑前丘和丘脑之间,为一红褐色的豆状小体

性腺 　　　　　　　胰的内分泌部分,为大小不等、形状不定的细胞团

甲状腺 　　　　　　位于两侧肾脏的上方,左右各一

肾上腺 　　　　　　一个椭圆形的小体,位于颅底垂体窝内

松果体 　　　　　　位于甲状腺两侧的后缘内,左右各两个

脑垂体 　　　　　　位于气管上端的两侧,呈蝴蝶形,分左右两叶

甲状旁腺 　　　　　内分泌腺的分泌物

(二)判断对错

1. ×　　　2. ×　　　3. √　　　4. ×　　　5. ×　　　6. √　　　7. √　　　8. √

九、阅读理解

(一)选择正确答案

1. A　　　2. C　　　3. D　　　4. B　　　5. A

(二)判断对错

1. ×　　　2. √　　　3. √　　　4. ×　　　5. ×

第二十课　吃出来的糖尿病

二、熟读下列具有相同语素的词语并选择填空

1. 病龄　　　2. 骨龄　　　3. 病友　　　4. 舍友　　　5. 确诊　　　6. 出诊　　　7. 化疗　　　8. 食疗

四、选择适当的词语填空

1. 搭配　　　2. 来者不拒　　　3. 不胫而走　　　4. 交替　　　5. 长久　　　6. 倦怠

7. 消瘦　　　8. 懊悔　　　9. 唯一　　　10. 豪爽　　　11. 郁闷　　　12. 轻度

五、选择正确答案

　　1. C　　　　2. B　　　　3. A　　　　4. B　　　　5. C　　　　6. C　　　　7. A　　　　8. C

六、给( )里的词选择正确的位置

　　1. A　　　　2. A　　　　3. C　　　　4. C　　　　5. B　　　　6. D　　　　7. B　　　　8. A

七、用指定词语或结构完成句子或对话

　　1. 他的心情糟透了

　　2. 我简直要累死了

　　3. 护士气坏了

　　4. 虽然很难,但是我觉得很有意思

　　5. 尽管今天上的是夜班,但是因为病人不多,所以不太累

　　6. 不过他一会儿就回来

　　7. 然而并不是完全没有可能

　　8. 这些东西多吃固然不行,可是偶尔少吃一点儿没关系的

八、根据课文内容做练习

(一)连线

阴性　　　　　　　　　　　　　一种常见的内分泌系统疾病

胰岛素　　　　　　　　　　　　胰岛素分泌过少,需依赖外源性胰岛素补充以维持生命

糖尿病　　　　　　　　　　　　糖尿病的一种,胰岛素的分泌量不低,其作用效果较差

下肢坏疽　　　　　　　　　　　肌体对胰岛素不够敏感的一种病症

1 型糖尿病　　　　　　　　　　人体胰腺 β 细胞分泌的身体内唯一的降血糖激素

2 型糖尿病　　　　　　　　　　能增加肌体对自身胰岛素敏感性的一种药物

胰岛素抵抗　　　　　　　　　　糖尿病可能导致的一种并发症

胰岛素增敏剂　　　　　　　　　病情好转以后的一种化验结果

(二)判断对错

　　1. ×　　　2. √　　　3. ×　　　4. ×　　　5. √　　　6. ×　　　7. ×　　　8. √

九、阅读理解

(一)选择正确答案

　　1. C　　　2. B　　　3. C　　　4. D　　　5. D

(二)判断对错

　　1. √　　　2. ×　　　3. ×　　　4. ×　　　5. √

第二十一课　男女有别

二、熟读下列具有相同语素的词语并选择填空

1. 卵子　　2. 因子　　3. 腋毛　　4. 汗毛

5. 胆囊　　6. 精囊　　7. 肺癌　　8. 宫颈癌

四、选择适当的词语填空

1. 促使　　2. 倒置　　3. 存活　　4. 日新月异　　5. 粗大　　6. 天然

7. 愉悦　　8. 尖细　　9. 羞怯　　10. 沉着　　11. 低沉　　12. 天真

五、选择正确答案

1. C　　2. B　　3. B　　4. A　　5. D　　6. C　　7. C　　8. C

六、给(　)里的词选择正确的位置

1. C　　2. C　　3. C　　4. D　　5. D　　6. D　　7. A　　8. A

七、用指定词语或结构完成句子或对话

1. 病人不光身体健康受到影响,而且也会有很大的心理压力

2. 不光要负责护理工作,而且要负责管理工作

3. 如果生病了就及早就医

4. 要是能去北京治疗,治愈的希望就更大了

5. 假如我不相信您,我就不会决定做手术了

6. 否则等到用的时候发现知识不够再后悔就来不及了

7. 不然病情可能会复发

8. 没有这里的医生和护士,现在就没有我了

八、根据课文内容做练习

(一)连线

睾丸　　　　　　位于骨盆腔内,在膀胱与直肠之间,形状似倒置的梨子

阴茎　　　　　　呈卵圆形,是产生雄性生殖细胞和雄性激素的器官

阴囊　　　　　　一个栗子状的腺体,能分泌前列腺液

卵巢　　　　　　女性外阴最外侧的皮肤形成的一对皱襞

子宫　　　　　　由三条海绵体外包筋膜和皮肤构成的生殖器

前列腺　　　　　由于外阴受污染而引起的一种妇科疾病

大阴唇　　　　　位于阴茎后下方的皮肤囊袋

附件炎　　　　　呈卵圆形,左右各一,位于盆腔内子宫的两侧

(二)判断对错

1. ×　　2. √　　3. ×　　4. √　　5. √　　6. ×　　7. ×　　8. √

九、阅读理解

（一）选择正确答案

1. C　　　2. D　　　3. B　　　4. C　　　5. D

（二）判断对错

1. ×　　　2. ×　　　3. √　　　4. √　　　5. √

第二十二课　生命的神奇

二、熟读下列具有相同语素的词语并选择填空

1. 旅程　　2. 旅馆　　3. 胎教　　4. 胎盘　　5. 产前　　6. 考前　　7. 流产　　8. 难产

四、选择适当的词语填空

1. 脱落　2. 溜　3. 来之不易　　4. 抚育　　5. 问候　　6. 瓜熟蒂落

7. 自行　8. 明晰　9. 微小　　10. 健壮　　11. 即将　　12. 谨慎

五、选择正确答案

1. B　　　2. A　　　3. A　　　4. C　　　5. C　　　6. A　　　7. C　　　8. C

六、给(　)里的词选择正确的位置

1. B　　2. C　　3. C　　4. B　　5. C　　6. D　　7. C　　8. D

七、用指定词语或结构完成句子或对话

1. 就算你不提醒我,我也会注意的

2. 因为他们的帮助使我得以早日康复

3. 只要家属签字,马上就开始手术

4. 只有他才能做这种高难度的手术

5. 无论多贵都没关系

6. 凡是这个科室的病人,她都得负责

7. 不管结果如何,我都愿意进行手术

8. 除非你过去,他才肯吃药

八、根据课文内容做练习

（一）连线

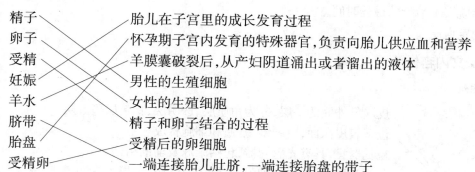

精子 —— 男性的生殖细胞
卵子 —— 女性的生殖细胞
受精 —— 精子和卵子结合的过程
妊娠 —— 胎儿在子宫里的成长发育过程
羊水 —— 羊膜囊破裂后,从产妇阴道涌出或者溜出的液体
脐带 —— 一端连接胎儿肚脐,一端连接胎盘的带子
胎盘 —— 怀孕期子宫内发育的特殊器官,负责向胎儿供应血和营养
受精卵 —— 受精后的卵细胞

（二）判断对错

1. ×   2. √   3. √   4. ×   5. ×   6. √   7. √   8. √

九、阅读理解

（一）选择正确答案

1. D   2. D   3. C   4. C   5. B

（二）判断对错

1. ×   2. ×   3. ×   4. √   5. ×

第二十三课 感知世界

二、熟读下列具有相同语素的词语并选择填空

1. 听觉   2. 触觉   3. 声波   4. 电波   5. 眼球   6. 眼睑   7. 耳蜗   8. 耳廓

四、选择适当的词语填空

1. 体味   2. 延缓   3. 旋转   4. 不言而喻   5. 端正   6. 强烈

7. 始终   8. 稚嫩   9. 嘈杂   10. 油腻   11. 美妙绝伦   12. 五颜六色

五、选择正确答案

1. D   2. C   3. B   4. A   5. B   6. A   7. B   8. D

六、给( )里的词选择正确的位置

1. B   2. B   3. D   4. D   5. B   6. C   7. C   8. C

七、用指定词语或结构完成句子或对话

1. 工作固然重要,但没有健康的身体也就不能很好地工作
2. 倘若没有特殊情况,医生就在值班室休息一会儿
3. 为了尽快地成长为一名合格的护士
4. 省得又睡不着觉

5. 以便及时处理病人的各项需求

6. 免得引起更大的副作用

7. 以免耽误了治疗的最佳时间

8. 以稳定血压

八、根据课文内容做练习

(一)连线

耳　　　　　　皮肤最外面的一层,分为角质层、透明层、颗粒层等五层

眼睛　　　　　位于表皮深面,由纤维、基质和细胞构成

外耳　　　　　视觉器官,具有光感受器,包括眼球及辅助结构

内耳　　　　　分为三层,外层为纤维膜,中层为血管膜,内层为视网膜

皮肤　　　　　包括耳廓、外耳道、鼓膜三部分

表皮　　　　　由前庭器官、半规管和耳蜗组成

真皮　　　　　人体最大的器官,也是一个重要的感觉器官

眼球壁　　　　听觉器官,由外耳、中耳和内耳组成

(二)判断对错

1. ✕　　　2. ✕　　　3. ✕　　　4. ✕　　　5. ✕　　　6. ✕　　　7. ✓　　　8. ✓

九、阅读理解

(一)选择正确答案

1. D　　　2. C　　　3. B　　　4. A　　　5. A

(二)判断对错

1. ✓　　　2. ✓　　　3. ✕　　　4. ✕　　　5. ✓

第二十四课　坐飞机也能引发中耳炎

二、熟读下列具有相同语素的词语并选择填空

1. 就医　　2. 就业　　3. 清洗　　4. 清理　　5. 耳背　　6. 耳聋　　7. 晕机　　8. 晕血

四、选择适当的词语填空

1. 降落　　2. 告诫　　3. 纳闷儿　　4. 惹　　5. 鼓气　　6. 流脓

7. 解毒　　8. 摆设　　9. 闭塞　　10. 仍然　　11. 严密　　12. 一头雾水

五、选择正确答案

1. B　　　2. A　　　3. B　　　4. D　　　5. C　　　6. D　　　7. B　　　8. A

六、给( )里的词选择正确的位置

1. B　　　2. B　　　3. B　　　4. B　　　5. A　　　6. A　　　7. C　　　8. C

七、用指定词语或结构完成句子或对话

1. 要么吃止疼药,要么做手术

2. 不是胃炎就是胆囊炎

3. 或者中医或者西医

4. 与其这样生活下去,不如开开心心地过好每一天

5. 宁可不治病,也不吃这种药了

6. 是低血糖还是贫血

7. 以便专家能根据检查结果确诊你的病情

8. 你这是由于缺乏运动以致尿糖较高

八、根据课文内容做练习

(一)连线

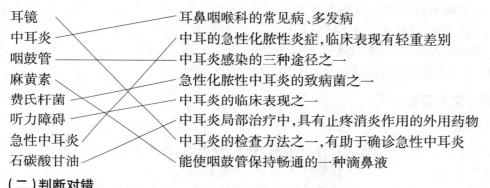

耳镜	耳鼻咽喉科的常见病、多发病
中耳炎	中耳的急性化脓性炎症,临床表现有轻重差别
咽鼓管	中耳炎感染的三种途径之一
麻黄素	急性化脓性中耳炎的致病菌之一
费氏杆菌	中耳炎的临床表现之一
听力障碍	中耳炎局部治疗中,具有止疼消炎作用的外用药物
急性中耳炎	中耳炎的检查方法之一,有助于确诊急性中耳炎
石碳酸甘油	能使咽鼓管保持畅通的一种滴鼻液

(二)判断对错

1. √　　2. ×　　3. ×　　4. ×　　5. √　　6. √　　7. √　　8. ×

九、阅读理解

(一)选择正确答案

1. A　　2. D　　3. D　　4. B　　5. C

(二)判断对错

1. √　　2. ×　　3. ×　　4. √　　5. ×

第二十五课　人体警卫部队——免疫系统

二、熟读下列具有相同语素的词语并选择填空

1. 接触　　2. 接受　　3. 转化　　4. 转移　　5. 吸入　　6. 侵入　　7. 表现　　8. 呈现

四、选择适当的词语填空

1. 对付　　2. 精致　　3. 调派　　4. 记录　　5. 试图　　6. 致力

7. 期望　　8. 特定　　9. 漫长　　10. 活跃　　11. 单独　　12. 繁多

1. 岌岌可危　　　2. 事与愿违　　　3. 不计其数　　　4. 不可思议

五、选择正确答案

1. B　　　2. C　　　3. A　　　4. B　　　5. A　　　6. D　　　7. A　　　8. B

六、给( )里的词选择正确的位置

1. B　　　2. D　　　3. A　　　4. A　　　5. D　　　6. D　　　7. A　　　8. B

七、用指定词语或结构完成句子或对话

1. 哪怕花再多的钱也没关系

2. 就算有特殊情况也不能例外

3. 即便不能彻底治愈,至少也能减轻一些症状吧

4. 巧克力固然有助于睡眠,但是也不能多吃

5. 我觉得病不但没减轻,反而更严重了

6. 她不但没走,反而又走进了病房

7. 一般来说,饮食要清淡,不要吃辛辣的食物

8. 如此看来,这种药对你很有效

八、根据课文内容做练习

(一)连线

免疫　　　　　　　　　　　由骨髓、胸腺、脾脏、淋巴结、扁桃体等组成

免疫器官　　　　　　　　　包括抗体、补体、干扰素等

免疫细胞　　　　　　　　　免疫系统中首先对侵入体内的病菌"进攻"的细胞

免疫分子　　　　　　　　　经后天感染或人工预防接种而获得的抵抗感染能力

免疫应答　　　　　　　　　人类在漫长进化过程中获得的一种遗传特性,是生来就具有的

巨噬细胞　　　　　　　　　免疫系统消灭再次入侵体内的相同致病微生物的反应

特异性免疫　　　　　　　　包括淋巴细胞、单核吞噬细胞、中性粒细胞等细胞

非特异性免疫　　　　　　　肌体识别自身与异己物质,维持肌体生理平衡的功能

(二)判断对错

1. ×　　　2. √　　　3. ×　　　4. √　　　5. ×　　　6. ×　　　7. √　　　8. √

九、阅读理解

(一)选择正确答案

1. D　　　2. B　　　3. A　　　4. D　　　5. B

(二)判断对错

1. ×　　　2. √　　　3. ×　　　4. ×　　　5. √

第一课　注射法

二、熟读下列具有相同语素的词语并选择填空

1. 打针　　2. 药液　　3. 药效　　4. 医务　　5. 进针　　6. 采用　　7. 财务　　8. 适用

三、选择适当的词语填空

1. 红肿　　2. 预防　　3. 过敏　　4. 休克　　5. 一清二楚

6. 预防　　7. 刺激　　8. 严禁　　9. 消毒　　10. 违背

四、选择正确答案

1. A　　2. C　　3. D　　4. A　　5. A　　6. D　　7. B　　8. A

五、用指定词语或结构完成句子或对话

1. 不要说你, 就是我, 也有点儿紧张

2. 不要说我, 就是有经验的老大夫, 也难以诊断出来

3. 即非处方药

4. 即非典型性肺炎

5. 非死即伤

6. 将两者结合起来诊治疾病

7. 家属们的心里都有谱儿了

8. 感到没谱儿

六、根据课文内容做练习

（一）连线

皮试　　　　　　　将无菌药物从静脉注入体内的注射方法

伪足　　　　　　　将少量药液注入皮下组织的注射方法

注射法　　　　　　很多药物在用药前进行的药物过敏试验

皮下注射　　　　　将一定量无菌药液注入肌肉组织的注射方法

皮内注射　　　　　将少量药液注入表皮和真皮之间的注射方法

肌内注射　　　　　皮试结果为阳性时细胞质临时性或半永久性地向外突出部分

静脉注射　　　　　从髂前上棘至尾骨作一连线, 其外上 1/3 处为注射部位

联线定位法　　　　将无菌药液通过皮内、皮下、肌内、静脉等途径注入体内, 达到全身
　　　　　　　　　　　疗效的方法

（二）判断对错

1. ×　　2. ×　　3. ×　　4. √　　5. ×　　6. ×　　7. √　　8. √

七、阅读理解

（二）根据材料提示，将下列句子排列成语段

C　B　A　D　E

第二课　排泄护理

二、熟读下列具有相同语素的词语并选择填空

1. 固定　　2. 清理　　3. 适量　　4. 引导　　5. 清洗　　6. 诱导　　7. 适宜　　8. 稳定

三、选择适当的词语填空

1. 安置　　2. 安慰　　3. 提供　　4. 营造　　5. 更换　　6. 促进　　7. 软化

8. 设法　　9. 润滑　　10. 鼓励　　11. 妥善　　12. 典型　　13. 自主　　14. 异常

四、选择正确答案

1. C　　　2. A　　　3. C　　　4. A　　　5. D　　　6. B　　　7. B　　　8. A

五、用指定词语或结构完成句子或对话

1. 众所周知，这些病和不良的饮食习惯有关系

2. 重要得不能再重要了

3. 多得不能再多了

4. 与其生病以后再后悔，不如早作预防，避免生病

5. 与其手术，不如进行保守治疗

6. 健康人尚且难以找到工作，何况他呢

7. 生了大病尚且这么乐观，何况平时呢

8. 所做的护理记录

六、根据课文内容做练习

（一）连线

便秘　　　　　　　用无菌导尿管经尿道插入膀胱引出尿液的方法

腹泻　　　　　　　将肛管从肛门插入直肠，以排除肠胀气减轻腹胀的方法

尿潴留　　　　　　排便次数少，粪便过于干硬，或者排便困难，且伴有腹胀等

尿失禁　　　　　　肛门括约肌不受控制而不自主排便

导尿术　　　　　　大量尿液储存在膀胱中不能排出

肠胀气　　　　　　排便次数增多，粪便稀薄不成形，甚至水样便，伴有腹痛等

排便失禁　　　　　排尿失去控制，尿液不自主流出

肛管排气法　　　　胃肠道内积聚过多气体而不能排出

（二）判断对错

1. √　　2. ×　　3. √　　4. ×　　5. ×　　6. ×　　7. ×　　8. √

七、阅读理解

（一）选择正确答案

1. C　　　2. A　　　3. A　　　4. C　　　5. B

（二）根据材料提示,将下列句子排列成语段

B　D　A　E　C

第三课　给药

二、熟读下列具有相同语素的词语并选择填空

1. 指导　　2. 处理　　3. 配合　　4. 执行　　5. 指示　　6. 配制　　7. 推行　　8. 梳理

三、选择适当的词语填空

1. 遵　　　2. 悬浮　　3. 携带　　4. 失效　　5. 意识不清　　6. 朝

7. 具有　　8. 急救　　9. 溶化　　10. 值得　　11. 毋庸置疑　　12. 吸取

四、选择正确答案

1. D　　　2. D　　　3. A　　　4. A　　　5. B　　　6. C　　　7. A　　　8. A

五、用指定词语或结构完成句子或对话

1. 算老护工了

2. 算大手术

3. 就算小张的工龄最长

4. 毋庸置疑,人民医院是最好的选择

5. 毋庸置疑是心血管方面的专家

6. 值得一试

7. 故最好不要轻易使用

8. 本土化

六、根据课文内容做练习

（一）连线

滴药法　　　　　　　药物经口服后被胃肠道吸收进入血循环,起到治疗的作用

插入法　　　　　　　将药片置于舌下或齿颊之间,不吞咽,任其自然溶解吸收

皮肤用药　　　　　　将一定量的无菌药液或生物制剂用无菌注射器注入体内

舌下给药　　　　　　将栓剂插入肛门或阴道,缓慢溶化而产生药效

口服给药法　　　　　将药物涂于皮肤上,起到局部治疗的作用

吸入给药法　　　　　为防止发生过敏反应,使用致敏性高的药物前所做的试验

注射给药法　　　　　分为滴眼药法、滴耳药法、滴鼻药法

药物过敏试验　　　　用雾化装置将药液分散成细小的雾滴,使其悬浮在气体中,
　　　　　　　　　　经鼻或口吸入,进入患者的支气管和肺泡

（二）判断对错

1. ×　　2. √　　3. √　　4. ×　　5. √　　6. ×　　7. ×　　8. √

七、阅读理解

（一）选择正确答案

1. A　　2. B　　3. C　　4. C　　5. C

（二）根据材料提示，将下列句子排列成语段

C E D B A

第四课　生命体征的护理和评估

二、熟读下列具有相同语素的词语并选择填空

1. 降温　　2. 监测　　3. 腹式　　4. 收缩　　5. 新式　　6. 降压　　7. 监视　　8. 收获

三、选择适当的词语填空

1. 应急　　2. 打鼾　　3. 评估　　4. 收缩　　5. 连绵起伏

6. 快慢不一　7. 间隔　　8. 躁动不安　9. 心力衰竭　10. 衡量

四、选择正确答案

1. B　　2. A　　3. D　　4. B　　5. A　　6. B　　7. D　　8. C

五、用指定词语或结构完成句子或对话

1. 依赖于

2. 产于云贵高原的深山老林之中

3. 言行不一

4. 强弱不等

5. 进而才可以应用到临床中

6. 进而根据检查结果作出诊断

7. 像胸口有个小兔子在跳一般

8. 像一家人一般

六、根据课文内容做练习

(一)连线

体温 —— 也称体核温度,正常数值在一定的温度范围之内

血压 —— 血液在血管内流动时对血管壁的侧压力

呼吸 —— 新陈代谢过程中,肌体与外界环境之间的气体交换过程

脉搏 —— 动脉管壁随着心脏节律性的收缩和舒张而产生的有节律的、可向周围动脉传播的搏动

脉率 —— 每分钟脉搏搏动的次数

压差 —— 收缩压与舒张压之差

潮式呼吸 —— 呼吸由慢变快,又逐渐变慢,以至呼吸暂停

生命体征 —— 体温、脉搏、呼吸、血压的总称,是衡量生命活动的重要指标

(二)判断对错

1. ×　　2. ×　　3. ×　　4. √　　5. ×　　6. ×　　7. ×　　8. ×

七、阅读理解

(一)选择正确答案

1. C　　2. A　　3. D　　4. A　　5. A

(二)根据材料提示,将下列句子排列成语段

A D C E B

第五课　医院内感染的预防和控制

二、熟读下列具有相同语素的词语并选择填空

1. 培训　　2. 安置　　3. 传播　　4. 传染　　5. 培养　　6. 消毒　　7. 安排　　8. 消除

三、选择适当的词语填空

1. 包装　　2. 辐射　　3. 失调　　4. 悬挂　　5. 致病

6. 光照　　7. 接触　　8. 媒介　　9. 隔绝　　10. 可疑

四、选择正确答案

1. C　　2. A　　3. B　　4. C　　5. C　　6. A　　7. C　　8. B

五、用指定词语或结构完成句子或对话

1. 反正家里有药

2. 反正病情已经这样了,开开心心过好每一天吧

3. 除非有极特殊情况,否则不得缺席

4. 马虎不得

5. 这完全是出于工作的考虑

6. 处于初期

7. 这种药的效力非常强

8. 提高人体免疫力

六、根据课文内容做练习

（一）连线

清洁　　　　　为各临床科室提供无菌器材的部门

消毒　　　　　指患者在住院期间受到的感染

灭菌　　　　　感染源、传播途径、易感宿主同时存在并互相联系

隔离　　　　　指用物理或化学方法清除或杀灭病原微生物

感染链　　　　指用物理或化学方法去除或杀灭全部微生物的过程

供应室　　　　使无菌物品及区域不被污染，防止病原微生物侵入人体的技术

无菌技术　　　用物理方法清除物体表面的污垢、尘埃和有机物

医院内感染　　将传染源传播者、高度易感人群安置在特定的地方，避免和周围人

　　　　　　　　群接触

（二）判断对错

1. √　　　2. √　　　3. √　　　4. ×　　　5. √　　　6. ×　　　7. ×　　　8. √

七、阅读理解

（一）选择正确答案

1. C　　　2. C　　　3. B　　　4. A　　　5. D

（二）根据材料提示，将下列句子排列成语段

E　A　C　B　D

第六课　血液检验

二、熟读下列具有相同语素的词语并选择填空

1. 实行　　　2. 检查　　　3. 发起　　　4. 采用

5. 举行　　　6. 引起　　　7. 检验　　　8. 采样　　检测

三、选择适当的词语填空

1. 特制　　　2. 不胜枚举　　　3. 剧烈　　　4. 刺入　　　5. 搏斗

6. 时至今日　7. 稀释　　　8. 采集　　　9. 输送　　　10. 测定

四、选择正确答案

1. B　　　2. D　　　3. A　　　4. D　　　5. D　　　6. A　　　7. C　　　8. D

五、用指定词语或结构完成句子或对话

1. 一旦决定了，就不能改变了

2. 一旦某处血管破损出血,就不容易止血

3. 怎么强调也不过分

4. 怎么劝你也不听

5. 他偏偏要躺在床上

6. 偏偏在这个时候研究经费被削减了

7. 在于他是否配合医生的治疗

8. 在于治疗方案是否严谨

六、根据课文内容做练习

（一）连线

血液 —— 包括五种参与不同防御免疫任务的细胞

贫血 —— 参与止血和凝血的重要细胞

血常规 —— 由血浆和血细胞两大部分组成

红细胞 —— 采集指血或耳垂末梢血,适用于用血量较少时

白细胞 —— 形状扁圆,中央稍呈凹陷,功能是输送气体

血小板 —— 在肘部、手背或踝部静脉采血,适用于用血量较多时

静脉采血 —— 包括红细胞和白细胞计数、血红蛋白测定和白细胞分类计数

毛细血管法 —— 红细胞与血红蛋白两者计数、计量低于正常

（二）判断对错

1. √　　2. ×　　3. ×　　4. ×　　5. ×　　6. √　　7. ×　　8. √

七、阅读理解

（一）选择正确答案

1. C　　2. D　　3. D　　4. A　　5. D

（二）根据材料提示,将下列句子排列成语段

D　A　C　B　E

第七课　尿液检验

二、熟读下列具有相同语素的词语并选择填空

1. 浓缩　　2. 汇集　　3. 鉴别　　4. 打断　　5. 采集　　6. 萎缩　　7. 诊断　　8. 差别

三、选择适当的词语填空

1. 参赛　　2. 新鲜　　3. 复杂　　4. 云雾状　　5. 分辨

6. 弥补　　7. 深浅不一　　8. 指征　　9. 描述　　10. 混浊

四、选择正确答案

1. B　　2. B　　3. C　　4. A　　5. B　　6. D　　7. A　　8. C

五、用指定词语或结构完成句子或对话

1. 他的尿液呈云雾状

2. 视病因而异

3. 这取决于大家了

4. 取决于我们的医术

5. 通过做胃镜,可以排除一些疾病,从而确诊啊

6. 通过会诊,可以制订一套严密可行的治疗方案,从而取得最佳治疗效果

7. 很多人还是宁可打针也不吃药

8. 我宁可跑远路也要来人民医院

六、根据课文内容做练习

（一）连线

尿液　　　　　　最好是清晨第一次排尿时留取的新鲜尿液 100 ~ 200 毫升

尿闭　　　　　　一般包括物理学检验、显微镜检验、化学检验三个方面

管型　　　　　　成人 24 小时尿量少于 0.1ml 或在 12 小时内完全无尿

结晶　　　　　　来自血液,是人体的重要体液

糖尿　　　　　　尿盆里的白色沉淀物在作显微镜检查时见到的各种形状的物体

蛋白尿　　　　　尿内蛋白质含量 >0.15g/24h,或浓度 >0.1g/L,定性试验呈阳性

尿液标本　　　　又称圆柱,肾小管内形成的直的或稍弯曲的蛋白质圆柱状体

尿液检验　　　　血糖浓度超过 1.6g/L 时,排出的尿液

（二）判断对错

1. √　　　2. ×　　　3. ×　　　4. ×　　　5. √　　　6. √　　　7. ×　　　8. √

七、阅读理解

（一）选择正确答案

1. A　　　2. C　　　3. D　　　4. A　　　5. A

（二）根据材料提示,将下列句子排列成语段

E　D　B　C　A

第八课　粪便检验

二、熟读下列具有相同语素的词语并选择填空

1. 脱离　　2. 分析　　3. 观察　　4. 临界　　5. 脱落　　6. 分解　　7. 观看　　8. 临床

三、选择适当的词语填空

1. 俗称　　2. 成堆　　3. 坏死　　4. 溃烂　　5. 以致

6. 脱水　　7. 扁平　　8. 成形　　9. 分离　　10. 亢进

四、选择正确答案

  1. B   2. B   3. A   4. C   5. C   6. A   7. C   8. B

五、用指定词语或结构完成句子或对话

  1. 麻醉剂对伤口具有止痛作用

  2. 它对过敏性鼻炎具有很好的治疗作用

  3. 无从选择

  4. 无从下手

  5. 反复发作

  6. 病人及其家属向您表示衷心的感谢

  7. 为安全起见

  8. 为公平起见

六、根据课文内容做练习

（一）连线

粪便　　　　　　　　正常人胆汁中的胆红素在回肠末端和结肠被细菌分解后的产物

粪胆原　　　　　　　无色透明的菱形结晶,两端尖长,大小不等

黏液便　　　　　　　单细胞生物,体积微小,能独立完成全部生理功能

稀汁样便　　　　　　肠壁受刺激或发炎时(痢疾、血吸虫病、结肠炎)排出的粪便

球形硬便　　　　　　一般为急性胃肠炎患者排出的粪便

隐血试验　　　　　　俗称大便,为人或动物的食物残渣排泄物

肠寄生原虫　　　　　粪便的化学检验之一,对消化道出血的诊断有重要价值

夏科－莱登结晶　　　一般为习惯性便秘患者排出的粪便

（二）判断对错

1. √   2. ×   3. ×   4. ×   5. ×   6. √   7. ×   8. √

七、阅读理解

（一）选择正确答案

1. D   2. A   3. B   4. C   5. A

（二）根据材料提示,将下列句子排列成语段

E   A   D   B   C

第九课　　人体寄生虫

二、熟读下列具有相同语素的词语并选择填空

1. 受益   2. 寄存   3. 损害   4. 误入   5. 受精   6. 寄送   7. 损失   8. 误伤

三、选择适当的词语填空

1. 扭结　　2. 吸食　　3. 难免　　4. 因人而异　　5. 普查

6. 误食　　7. 损害　　8. 罹患　　9. 发于　　　　10. 威胁

四、选择正确答案

1. D　　2. B　　3. C　　4. B　　5. A　　6. B　　7. A　　8. C

五、用指定词语或结构完成句子或对话

1. 我也舍不得离开大家

2. 我是真舍不得离开咱们医院啊

3. 难免会有些吃不消

4. 那次事故对我的自信心造成了严重影响

5. 药物对胎儿会造成一定影响

6. 也就是说再过一两天就可以出院了

7. 也就是说有炎症

8. 地方性、季节性、自然疫源性

六、根据课文内容做练习

（一）连线

宿主　　　　　　　寄生于人体并对人类造成危害的低等病原生物

钩虫病　　　　　　犬肠内的细粒棘球绦虫卵污染食物后，人畜食入罹患的病

包虫病　　　　　　包生绦虫的幼虫对宿主造成的全身性毒害作用

慢性失血　　　　　蛔虫扭结成团造成宿主的组织器官机械性损伤而引发的病症

先天性免疫　　　　寄生关系中，被寄生的生物

胆道蛔虫症　　　　由钩虫寄生在人体小肠内引起的肠道寄生虫病

人体寄生虫　　　　钩虫吸附于宿主肠黏膜吸食血液造成的病症

过敏性休克　　　　宿主对某种寄生虫具有的先天不易感性

（二）判断对错

1. √　　2. ×　　3. ×　　4. √　　5. ×　　6. √　　7. ×　　8. √

七、阅读理解

（一）选择正确答案

1. D　　2. C　　3. B　　4. D　　5. C

（二）根据材料提示，将下列句子排列成语段

D B A E C

第十课　寄生虫检验

二、熟读下列具有相同语素的词语并选择填空

　　1. 房主　　2. 未必　　3. 转达　　4. 打击　　5. 宿主　　6. 想必　　7. 传达　　8. 袭击

三、选择适当的词语填空

　　1. 以免　　2. 保障　　3. 洗涤　　4. 少许　　5. 检出

　　6. 堵塞　　7. 居住　　8. 载体　　9. 庇护　　10. 栖息

四、选择正确答案

　　1. B　　2. A　　3. B　　4. A　　5. B　　6. C　　7. A　　8. B

五、用指定词语或结构完成句子或对话

　　1. 想必能力很强

　　2. 想必再过两天就可以出院了

　　3. 不可掉以轻心

　　4. 不可荒废,我还会继续这个领域的研究工作的

　　5. 贫困不堪

　　6. 不堪忍受

　　7. 难怪他总说头很痒呢

　　8. 难怪他要请假回老家呢。

六、根据课文内容做练习

(一)连线

肝吸虫　　　　　　选取人体消化道作为理想栖息地的一种寄生虫
寄生虫病　　　　　肉眼无法见到,须借助显微镜才可见的小型寄生虫
牛肉绦虫　　　　　对人体寄生虫进行检测和鉴定,属临床医学检查范畴
皮内试验　　　　　生食淡水鱼虾后可能感染的一种寄生虫
酶联试验　　　　　用于多种蠕虫病的辅助诊断和流行病学调查的检验法
寄生虫检查　　　　以红细胞作载体,并以红细胞凝集读数的血清学方法
阿米巴原虫　　　　宿主免疫力低下,寄生虫致病力强,宿主出现明显的临床表现
间接凝血试验　　　用于多种寄生虫感染的宿主体液、排泄物和分泌物内特异抗体或抗
　　　　　　　　　原微粒的检测

(二)判断对错

1. √　　2. √　　3. ×　　4. ×　　5. ×　　6. ×　　7. ×　　8. ×

七、阅读理解

(一)选择正确答案

1. B　　2. C　　3. C　　4. D　　5. D

（二）根据材料提示,将下列句子排列成语段

B C D E A

第十一课　感冒

二、熟读下列具有相同语素的词语并选择填空

1. 死因　　2. 不良　　3. 激发　　4. 侵犯　　5. 病因　　6. 不宜　　7. 引发　　8. 侵入

三、选择适当的词语填空

1. 痊愈　　　　2. 辨证施治　　　3. 引发　　4. 干燥　　　　5. 秋冬之交

6. 疲乏无力　　7. 祛湿　　8. 盲目　　9. 乘虚而入　　10. 剧变

四、选择正确答案

1. C　　　2. B　　　3. A　　　4. C　　　5. C　　　6. A　　　7. B　　　8. A

五、用指定词语或结构完成句子或对话

1. 你吃了倒好了

2. 你倒不急

3. 新药效果倒不错

4. 不宜吃得太多

5. 不宜打针输液

6. 新型

六、根据课文内容做练习

（一）判断对错

1. ×　　　2. √　　　3. ×　　　4. √　　　5. ×　　　6. √　　　7. ×　　　8. √

七、阅读理解

（一）选择正确答案

1. A　　　2. D　　　3. B　　　4. D　　　5. A

（二）根据材料提示,将下列句子排列成语段

E D C A B

第十二课　骨折

二、熟读下列具有相同语素的词语并选择填空

1. 骨刺　　2. 恒温　　3. 依次　　4. 状态　　5. 骨裂　　6. 体温　　7. 依恋　　8. 神态

三、选择适当的词语填空

1. 着力　　2. 步骤　　　3. 包扎　　4. 康复　　5. 时机

6. 予以　　7. 防患于未然　　8. 解剖　　9. 贻误　　10. 嵌插

四、选择正确答案

1. A　　2. C　　3. D　　4. B　　5. A　　6. A　　7. B　　8. C

五、用指定词语或结构完成句子或对话

1. 真是令人难以置信

2. 难以治疗,我们建议进行截肢

3. 哪怕花再多的钱,我也愿意

4. 哪怕很普通的感冒也要输液

5. 万一胃不舒服就可以吃药缓解一下

6. 万一失败了

7. 说到底还是经验不足造成的

8. 说到底是因为你没有认真复习

六、根据课文内容做练习

(一)连线

复位　　　　　　　　　骨折附近的皮肤和黏膜不完整,骨折处与外界相通

固定　　　　　　　　　松质骨因压缩而变形造成的骨折

康复治疗　　　　　　　骨折处皮肤或黏膜完整,骨折端与外界不通

压缩骨折　　　　　　　骨折后,骨碎裂成两块以上的一种骨折类型

粉碎性骨折　　　　　　骨的完整性或连续性全部中断的一种骨折类型

完全性骨折　　　　　　将移位的骨折段恢复正常或近乎正常的解剖关系

开放性骨折　　　　　　恢复患肢肌、肌腱、韧带、关节囊等软组织的舒缩活动

闭合性骨折　　　　　　使骨折段在良好对位情况下达到牢固愈合的手段

(二)判断对错

1. ×　　2. ×　　3. √　　4. √　　5. √　　6. √　　7. ×　　8. ×

七、阅读理解

(一)选择正确答案

1. D　　2. C　　3. A　　4. B　　5. D

(二)根据材料提示,将下列句子排列成语段

C　E　A　D　B

第十三课　癌症

二、熟读下列具有相同语素的词语并选择填空

　　1. 压迫　　　2. 中暑　　　3. 衰弱　　　4. 侵犯　　　5. 中标　　　6. 侵入　　　7. 衰老　　　8. 压抑

三、选择适当的词语填空

　　1. 命名　　　2. 危及　　　3. 寿终正寝　　4. 良性　　　　5. 复发　　　　6. 空前

　　7. 无能为力　8. 扣留　　　9. 失常　　　10. 老化　　　　11. 切除　　　　12. 丧命

四、选择正确答案

　　1. B　　　2. A　　　3. D　　　4. A　　　5. B　　　6. D　　　7. A　　　8. C

五、用指定词语或结构完成句子或对话

　　1. 也算是寿终正寝了

　　2. 最高明的医生也无能为力 / 华佗再生也无能为力

　　3. 有任何问题请及时告知我

　　4. 排除任何困难为救治病人争取时间

　　5. 不由得松了一口气

　　6. 我不由得有些紧张

　　7. 意味着什么

　　8. 意味着给这种癌症的患者带来生命的希望

六、根据课文内容做练习

（一）连线

癌症　　　　　　　将正在发展中的癌和再发性的癌变部位尽可能切除的手术

癌细胞　　　　　　癌细胞与同伙随淋巴液流走的转移方式

扩大手术　　　　　切除范围缩至最小，以求根治的手术

缩小手术　　　　　癌细胞阻塞在血管里导致的一种阻塞症状

血运障碍　　　　　因控制细胞生长增殖机制失常而引起的疾病

淋巴转移　　　　　癌细胞随血流到达全身各处，在其他组织发展的转移方式

种植转移　　　　　癌症病变的基本单位，能释放出多种毒素

血运转移　　　　　脏器内部的癌细胞侵入至表面的浆膜层时脱落并种植在体腔内其
　　　　　　　　　　他脏器表面生长的转移方式

（二）判断对错

1. ×　　　2. √　　　3. √　　　4. ×　　　5. ×　　　6. ×　　　7. ×　　　8. √

七、阅读理解

（一）选择正确答案

　　1. A　　　2. C　　　3. A　　　4. D　　　5. D

（二）根据材料提示,将下列句子排列成语段

D　A　B　C　E

第十四课　传染病

二、熟读下列具有相同语素的词语并选择填空

1. 污染　　　2. 损害　　　3. 分散　　　4. 变成　　　5. 渲染　　　6. 伤害　　　7. 驱散　　　8. 养成

三、选择适当的词语填空

1. 障碍　　　2. 生化　　　3. 切断　　　4. 主导　　　5. 健全

6. 侧重　　　7. 附着　　　8. 飘散　　　9. 一成不变　　　10. 该

四、选择正确答案

1. C　　　2. A　　　3. C　　　4. A　　　5. C　　　6. C　　　7. D　　　8. B

五、用指定词语或结构完成句子或对话

1. 按其性质分为良性肿瘤和恶性肿瘤

2. 按病因分为病毒性感冒和流行性感冒两种

3. 你的饭总是一成不变

4. 同学们,这次毕业设计关系到你们的前途

5. 关系到病人的生命安全

6. 你该出院了

7. 让她们以此次大赛为契机,开阔视野,更快地成长

8. 以好母亲的标准而论,她陪伴孩子的时间确实很少

六、根据课文内容做练习

（一）连线

病原体　　　　由母体传播给胎儿疾病的方式

传染源　　　　经呼吸道造成新的宿主感染

隐性感染　　　病原体已在体内生长、繁殖并能将其排出体外的人和动物

显性感染　　　传染病最常见的表现,只有通过免疫学检查才能发现

飞沫传播　　　感染人体后可导致疾病的微生物与寄生虫

粪口传播　　　感染人体后长期潜伏,待肌体免疫功能下降时引起显性感染

垂直传播　　　通过饮食造成食入者感染

潜伏性感染　　导致组织损伤,引起病理改变和临床表现

（二）判断对错

1. ×　　　2. ×　　　3. √　　　4. ×　　　5. √　　　6. ×　　　7. ×　　　8. √

七、阅读理解

（一）选择正确答案

1. A   2. D   3. B   4. A   5. D

（二）根据材料提示，将下列句子排列成语段

C A E B D

第十五课　药物的作用

二、熟读下列具有相同语素的词语并选择填空

1. 食疗   2. 供应   3. 相差   4. 减弱   5. 治疗   6. 反应   7. 相似   8. 减少

三、选择适当的词语填空

1. 逐渐   2. 振奋   3. 镇痛   4. 加大   5. 成瘾

6. 主治   7. 一般而言   8. 有关   9. 来源   10. 烦躁不安

四、选择正确答案

1. D   2. A   3. B   4. C   5. A   6. A   7. B   8. B

五、用指定词语或结构完成句子或对话

1. 由王副院长带领前往

2. 由化验结果来看

3. 本来想做手术

4. 本来以为自己挺健康的，想不到这么多指标不正常

5. 一般而言看西医能够迅速见效而中医耗时较长

6. 一连值了三天夜班

7. 您一连做了两台手术了

8. 地方医院次之

六、根据课文内容做练习

（一）连线

排泄	药物只对某些器官或组织发生明显的作用
兴奋药	药物在体内发生的化学变化
选择作用	能引起肌肉收缩、腺体分泌增加、酶活性增强等的药物
局部作用	药物随血液循环分布到全身各组织、器官后所产生的作用
吸收作用	药物以原形或代谢产物形式通过不同途径排出体外的过程
药物代谢	人对某种药物反应不敏感，加大剂量才能发挥药物作用
药时曲线	药物被吸收之前，在用药部位产生的作用
药物耐受性	血药浓度 – 时间曲线，可据其分析药物在体内的动态变化

（二）判断对错

1. ×   2. √   3. ×   4. √   5. ×   6. √   7. ×   8. ×

七、阅读理解

（一）选择正确答案

1. D　　2. B　　3. B　　4. B　　5. B

（二）根据材料提示，将下列句子排列成语段

A　D　E　B　C

第十六课　药物作用的两重性

二、熟读下列具有相同语素的词语并选择填空

1. 服务　2. 止痛　3. 处罚　4. 突发　5. 服用　6. 止步　7. 处理　8. 突兀

三、选择适当的词语填空

1. 预知　　2. 不明　　3. 绞痛　　4. 潮红　　5. 有利

6. 或多或少　7. 彻底　　8. 共生　　9. 难免　　10. 催眠

四、选择正确答案

1. A　　2. D　　3. A　　4. A　　5. B　　6. A　　7. B

五、用指定词语或结构完成句子或对话

1. 意见针锋相对
2. 是一种标本兼治的治疗方法
3. 经常跟医院打交道
4. 何必一大早就来排队挂号呢
5. 难道就没有别的办法了吗
6. 何况去医院呢
7. 她从来不喊疼
8. 从来都很坚强

六、根据课文内容做练习

（一）连线

治疗作用　　　　　称为"治标"，用药物缓解症状，但不能消除病因
预防作用　　　　　药物针对治疗疾病的需要所呈现的作用
对因治疗　　　　　提前用药以防止疾病或症状发生的作用
对症治疗　　　　　患者连续使用某些药物后，产生一种不可停用的渴求现象
后遗效应　　　　　称为"治本"，对病因进行治疗，目的是彻底治愈疾病
继发反应　　　　　停药后残存的药理效应
三致作用　　　　　致畸、致癌、致突变
药物依赖性　　　　药物的治疗作用所引起的不良后果

（二）判断对错

1. √   2. ×   3. ×   4. √   5. ×   6. √   7. ×   8. √

七、阅读理解

（一）选择正确答案

1. C   2. B   3. D   4. A   5. D

（二）根据材料提示，将下列句子排列成语段

D C A B E

第十七课　药物的剂型

二、熟读下列具有相同语素的词语并选择填空

1. 栓剂   2. 血浆   3. 难度   4. 花粉   5. 片剂   6. 阿胶浆   7. 高度   8. 滑石粉

三、选择适当的词语填空

1. 吞咽   2. 昏迷   3. 起效   4. 密闭   5. 满足

6. 分散   7. 缓释   8. 呕吐   9. 稳定   10. 监督

四、选择正确答案

1. D   2. B   3. A   4. C   5. A   6. D   7. B   8. C

五、用指定词语或结构完成句子或对话

1. 所谓皮内注射,指将药液注入表皮和真皮之间;所谓皮下注射,指将药液注入皮下组织

2. 你所谓的配合治疗

3. 相对比较贵

4. 相对来说负担轻一些

5. 对于他出院的时间,现在还不好说

6. 对于年轻人来说,这可是个学习的好机会

7. 好歹咱们家有一定的积蓄

8. 好歹休息一下

六、根据课文内容做练习

(一)连线

剂型　　　　　　　药物分散、溶出快,血药达峰时间短的剂型
片剂　　　　　　　通过呼吸道深部、腔道黏膜或皮肤起作用的剂型
栓剂　　　　　　　主要用于局部治疗,能长时间铺展或黏附于用药部位
胶囊剂　　　　　　药物应用于临床的适宜形式
气雾剂　　　　　　纳入人体腔道后逐渐释放药物产生作用的剂型
软膏剂　　　　　　剂量准确,质量稳定,受外界影响较小的剂型
注射剂　　　　　　供注入体内的灭菌溶液,药效迅速,疗效可靠
液体剂型　　　　　包括口服液体制剂、外用液体制剂及黏膜用液体制剂

(二)判断对错

1. √　　2. ×　　3. ×　　4. √　　5. √　　6. ×　　7. ×　　8. √

七、阅读理解

(二)根据材料提示,将下列句子排列成语段

A　D　B　E　C

第十八课　药物制剂的生产

二、熟读下列具有相同语素的词语并选择填空

1. 粉碎　　2. 秘制　　3. 仪器　　4. 挥发　　5. 击碎　　6. 酿制　　7. 机器　　8. 出发

三、选择适当的词语填空

1. 搓捏　　2. 除湿　　3. 灌装　　4. 添加　　5. 继之
6. 精制　　7. 过筛　　8. 搅匀　　9. 煎煮　　10. 去杂

四、选择正确答案

1. B　　2. B　　3. A　　4. D　　5. D　　6. C　　7. C　　8. B

五、用指定词语或结构完成句子或对话

1. 加以改造,制成了这个轮椅
2. 对实际调查得到的数据加以统计分析
3. 使得我院可以接纳更多患者住院治疗
4. 使得人们可以预防这种传染性感冒了
5. 连笑带跳
6. 连医药费带住院费,差不多一千多吧
7. 他的情绪也相应地越来越低落
8. 在重症室更是如此

六、根据课文内容做练习

(一)连线

粉碎　　　　　　　用热力等适宜方法杀死或除去微生物繁殖体和芽孢

制粒　　　　　　　将药材加水煎煮取汁,也称"水煮法"或"水提法"

灭菌　　　　　　　颗粒剂制备过程中的一个环节,一道工序

蒸发　　　　　　　将粉末、水溶液等状态的物料制成有一定大小的粒状物

过滤　　　　　　　将大块固体物破碎成适宜大小的颗粒或细粉的过程

煎煮法　　　　　　利用加热的方法,使溶液中部分溶剂汽化并除去

冷压法　　　　　　通过搓捏或模型冷压,压成一定形状的栓剂的方法

制软材　　　　　　气体或液体通过多孔性材料,从而截留颗粒,获得分离

(二)判断对错

1. ×　　　2. ×　　　3. ✓　　　4. ×　　　5. ✓　　　6. ×　　　7. ✓　　　8. ✓

七、阅读理解

(一)选择正确答案

1. D　　　2. B　　　3. B　　　4. B　　　5. D

(二)根据材料提示,将下列句子排列成语段

A E C B D

第十九课　牙

二、熟读下列具有相同语素的词语并选择填空

1. 美容　　　2. 半成品　　　3. 牙冠　　　4. 存车处

5. 美化　　　6. 半透明　　　7. 牙髓　　　8. 学生处

三、选择适当的词语填空

1. 撕裂　　　2. 疏松　　　3. 洁白　　　4. 苍老　　　5. 显露

6. 塌陷　　　7. 丰满　　　8. 替换　　　9. 相反　　　10. 对称

四、选择正确答案

1. C　　　2. A　　　3. B　　　4. D　　　5. B　　　6. A　　　7. C　　　8. D

五、用指定词语或结构完成句子或对话

1. 幸亏救得及时

2. 幸亏送来得及时

3. 不同级别的医院的条件参差不齐

4. 肿瘤有良性和恶性之分

5. 有强弱寒热虚实之分

6. 全家人好不开心

7. 好不容易才凑齐了钱

8. 传播开来

六、根据课文内容做练习

(一)连线

牙齿　　　　　　位于牙冠表层,是一种半透明的白色硬组织

牙髓　　　　　　位于牙根表层,是一种淡黄色的硬组织

牙冠　　　　　　具有一定形态的高度钙化的组织

牙根　　　　　　一种位于牙釉质及牙骨质内层的淡黄色硬组织

牙颈　　　　　　牙齿显露在口腔中的部分,也是发挥咀嚼功能的主要部分

牙釉质　　　　　牙冠与牙根交界处的弧形曲线部分

牙骨质　　　　　牙齿固定在牙槽窝内的部分,也是牙齿的支持部分

牙本质　　　　　充满在髓腔中的疏松结缔组织,含血管、神经和淋巴管

(二)判断对错

1. ×　　　2. ×　　　3. √　　　4. ×　　　5. √　　　6. √　　　7. ×　　　8. ×

七、阅读理解

(一)选择正确答案

1. C　　　2. C　　　3. C　　　4. B　　　5. C

(二)根据材料提示,将下列句子排列成语段

E　A　B　D　C

第二十课　口腔修复

二、熟读下列具有相同语素的词语并选择填空

1. 修复　　　2. 轨迹　　　3. 智齿　　　4. 病史　病史

5. 重复　　　6. 足迹　　　7. 龋齿　　　8. 发展史

三、选择适当的词语填空

1. 取戴　　　2. 固位　　　3. 昂贵　　　4. 正畸　　　5. 专科

6. 镶牙　　　7. 缺损　　　8. 迄今为止　　　9. 胀肿　　　10. 优于

四、选择正确答案

1. A　　　2. C　　　3. B　　　4. C　　　5. B　　　6. C　　　7. C　　　8. B

五、用指定词语或结构完成句子或对话

1. 无非是给病人发药打针之类的

2. 无非是感冒发烧之类的常见病

3. 只管提出来

4. 反之,你身体比较弱的话,就容易被病魔缠上

5. 除非剖腹产,否则很危险

6. 除非你告诉我我到底是什么病,我才吃

7. 集父亲与母亲的优点于一身

8. 集中医与西医的优点于一身

六、根据课文内容做练习

(一)连线

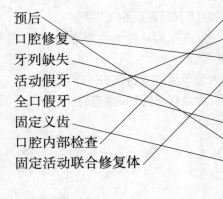

预后　　　　　　　　包括缺牙区情况和牙周、牙列的检查

口腔修复　　　　　　靠义齿基托与黏膜的紧密贴合而固位的活动假牙

牙列缺失　　　　　　牙体缺损、牙列缺损及牙齿缺失的修复等

活动假牙　　　　　　集固定假牙与活动假牙的优点于一身的口腔修复体

全口假牙　　　　　　上颌、下颌或上下颌的天然牙全部缺失

固定义齿　　　　　　由卡环、人工牙、基托连接体连为一体的口腔修复体

口腔内部检查　　　　对疾病的可能发展的一种估计

固定活动联合修复体　修复牙列缺损中一个或几个天然牙,恢复其解剖形
　　　　　　　　　　态和生理功能的一种修复体

(二)判断对错

1. √　　　2. √　　　3. ×　　　4. ×　　　5. ×　　　6. ×　　　7. ×　　　8. ×

七、阅读理解

(一)选择正确答案

1. D　　　2. C　　　3. A　　　4. C　　　5. A

第一单元

开学伊始

第一课 新学期新朋友

课文一 我们都是好姐妹

二、表达式

练一练：用"巧"完成句子

1. 这么巧
2. 太巧了，我女儿也是口腔专业的
3. 真巧，我也去医院

课文二 今天姐姐请客

二、表达式

练一练：用"没想到"完成句子

1. 没想到我们护理专业还有这么漂亮的男生
2. 是吗？没想到你们老师这么年轻
3. 没想到没有汉语课你汉语还能说得这么好

第二课 新老师新学校

课文一 课上是老师，课下是姐姐

二、表达式

练一练：用"正好"完成句子

1. 你正好见见我妈妈
2. 正好有三毛
3. 您正好在，您跟她说吧

课文二　我们的学校

二、表达式

　　练一练：用"有的……有的……"完成句子

　　　1. 下课以后有的在宿舍休息,有的去操场运动

　　　2. 有的很好吃,有的不太好

　　　3. 有的是新疆医大毕业的,有的是别的学校毕业的

第三课　我们的大家庭

二、表达式

　　练一练：用"像……一样"完成句子

　　　1. 像电影演员一样

　　　2. 像花园一样

　　　3. 像全部是一个声调一样

第二单元
争分夺秒

第一课　学校要举行运动会

课文一　下星期五举行运动会

二、表达式

　　练一练：用"对了"完成句子

　　　1. 对了,你说胃疼

　　　2. 对了,谢老师,我没做作业的事您别告诉我姐姐啊

　　　3. 对了,今天有我们班的比赛

课文二　我参加两项比赛

二、表达式

　　练一练：用"差不多"完成句子

　　　1. 差不多都来了

　　　2. 差不多二十分钟了

　　　3. 差不多五十块钱

第二课 我们要取得好成绩

课文一 一点儿也不累

二、表达式

练一练: 用"一……(也 / 都)不 / 没……"完成句子

1. 一点儿东西都没吃
2. 一点儿都不知道
3. 一点儿都不安静
4. 一点儿都没准备

课文二 我有点儿紧张

二、表达式

练一练: 用"早(就)……(了)"完成句子

1. 她早就毕业了
2. 看见了,她早就去图书馆了
3. 他早就不在这儿住了

第三课 我的日记

二、表达式

练一练: 用"才"完成句子

1. 现在才九点半
2. 才九点多
3. 克里木才学了三个月

第三单元
美丽新疆

第一课　介绍新疆

课文一　新疆在哪里

二、表达式

练一练：用"说起……，……"完成句子

1. 说起塞娜，我们还一起参加过汉语演讲比赛呢
2. 说起北京，我就想到了北京烤鸭
3. 说起比赛成绩，我觉得很不好意思，我连名次都没拿到

课文二　我的家乡在新疆

二、表达式

练一练：用"哪儿啊"完成句子

1. 哪儿啊！我去买牙膏了
2. 哪儿啊！是塞娜的姐姐请的
3. 哪儿啊！那是我弟弟

第二课　新疆好地方

课文一　瓜果之乡

二、表达式

练一练：用"怪不得"完成句子

1. 怪不得她上午没来上课呢
2. 怪不得玛依莎跟谢老师这么熟呢
3. 怪不得他一听说开运动会，就早早地报了名呢

课文二　能源城市——克拉玛依

二、表达式

练一练：用"可见"完成句子

1. 可见谢老师是多么受同学们欢迎
2. 可见他是多么喜欢馕包肉了
3. 可见我做的菜味道还不错嘛

第三课　好客的新疆人

二、表达式

练一练：用"……的话，……"完成句子

1. 要是遇到什么困难的话
2. 如果你实在觉得难受的话
3. 你要是没有别的事的话

五、用指定的词语或者表达式完成会话

早就想回一趟家了　　　　正好趁这个机会回家一趟

怪不得你这么高兴

哪儿啊！离兰州市区远着呢

肯定有些有名的小吃吧

说起有名的小吃，首先要数兰州拉面了

一点儿也不稀罕

差不多有一年

怪不得你这么急着回家

最拿手的

可见她是多么爱你啊

要是自己拿不了的话，我去送送你吧

第四单元

消费时代

第一课　校园消费

课文一　上学交费

二、表达式

练一练：用"不是……吗"完成句子

1. 不是在你手里拿着吗
2. 您不是病了吗
3. 我不是没钱了吗

课文二　我给爸爸报报账

二、表达式

练一练：用"……什么的"完成句子

1. 书、衣服和吃的什么的
2. 去操场跑跑步，跟同学聊聊天儿什么的
3. 大盘鸡、羊肉串、拉条子什么的

第二课　生活消费

课文一　有什么别有病

二、表达式

练一练：用"别提多……了"完成句子

1. 别提多甜了
2. 别提多高兴了
3. 别提多喜欢了

课文二　讨价还价

二、表达式

练一练：用"够……的"完成句子

1. 你家真够远的
2. 你们老师留的作业可真够多的
3. 可真够年轻的

第三课　娱乐消费

二、表达式

练一练：用"随着 A, B……"完成句子

1. 随着天气越来越冷
2. 随着国家经济的发展，大家的生活水平都提高了
3. 随着新疆的发展，越来越多的外地公司对新疆感兴趣了

复习一

综合练习

课文　世界爱眼日活动

四、选择下面给出的词语或者表达式完成填空,并说一说课文内容

说起　　　的话　　　一点儿也不　　　正好

早就　　　了　　　什么的

别提多　　　了　　　不是　　　吗　　　可见

有的　　　有的　　　有的　　　够　　　够

没想到

六、用下面给出的词语或者表达式完成对话

像个大公园一样

说起克拉玛依　　　我真没想到

随着生活水平的提高　　　花园、绿地什么的

你不是也离开克拉玛依很长时间了吗

一个学期才几个月

如果你离开一年的话

正好看到了这里的变化

早就不认识了

够骄傲的

别提多骄傲了

怪不得你不从学校超市买水果呢

差不多把饭做好了

一点儿也不饿

第五单元 运动休闲

第一课 体育运动

课文一 去做广播操

二、表达式

练一练：用"该……了"完成句子

1. 我该起了
2. 比赛该开始了
3. 该吃饭了

课文二 走,打球去

二、表达式

练一练：用"可不是"完成句子

1. 可不是,零下二十度
2. 可不是,上下班的时候车都走不动
3. 可不是

第二课 休闲生活

课文一 昨天去跳舞了

二、表达式

练一练：用"白＋V"完成句子

1. 白给你买了
2. 白复习了
3. 白运动了

课文二 看电视剧可以练习汉语

二、表达式

(一)练一练：用"再说"完成句子

1. 再说,骑车还环保呢

2. 再说,咱们还有那么多事要做

3. 再说,自己做饭也卫生

(二)练一练:用"你看你,……"完成句子

1. 你看你,吃零食的习惯总不改

2. 你看你,记性这么差

3. 你看你,一个星期迟到三次了

第三课　我的生活很简单

二、表达式

(一)练一练:用"除了……以外,就……"完成句子

1. 除了看电视以外,就是玩儿电脑

2. 除了巴哈尔以外,就是克里木了

3. 除了塔里木盆地以外,就是准噶尔盆地了

(二)练一练:用"再……也/都……"完成句子

1. 就是再忙也不间断

2. 再晚都要做完

3. 距离再远都没问题

四、用指定的词语或者表达式完成对话

该减肥了

除了工作以外,就是坐着看电视、玩儿电脑

可不是,你这样的生活习惯不胖才怪呢

除了骨头以外,就是皮,一点儿多余的肉都没有

白吃了

该减肥了　　该增肥了

真是白跑了

再说,他们还会给你制订严格的减肥食谱

可不是

除了吃饭以外,就够买点儿生活用品的了

白说了

该去锻炼了

吃完饭再说吧

再减肥也不能不吃饭吧

第六单元
交通旅游

第一课　买票记

二、表达式

(一)练一练：用"要不"完成句子

1. 要不去街对面的那家吧

2. 要不今天就别写了

3. 要不周末吧

(二)练一练：用"就算……也……"完成句子

1. 就算妈妈说得不对，也不能那样对她

2. 就算不是护理专业的，也都认识她

3. 雨就算再大我也得去

(三)练一练：用"好不容易"完成句子

1. 好不容易都记住了

2. 走了一个多小时，好不容易才到家的

3. 排了一个小时的队，好不容易才轮到我

第二课　车厢趣谈

二、表达式

(一)练一练：用"尤其是"完成句子

1. 尤其是吐鲁番和伊犁

2. 尤其是克拉玛依

3. 尤其是排球

(二)练一练：用"趁(着)"完成句子

1. 会趁他们不在家的时候看

2. 我会趁下班后晚饭前的时间去打球

3. 她可能趁你不注意，把钱放在那儿了

第三课　一篇旅游日记

二、表达式

（一）练一练：用 "看来" 完成句子

1. 看来谢老师真的生气了
2. 看来她想家挺厉害的
3. 看来他不能参加了

（二）练一练：用 "说实话" 完成句子

1. 说实话，我今天真的有事，真去不了
2. 说实话，我一次也没去过，我都是在电视里看到的
2. 说实话，你提高得不多

四、用指定的词语或者表达式完成对话

要不坐飞机去吧

就算我们两个人的钱加起来也不够吧

要不，你留在北京，我坐飞机回去吧

就算我同意，你也不放心吧

白来北京一趟

要不，你留在这里，我坐飞机回去

尤其是一个女孩子

不是跟你开玩笑吗

趁我不注意自己拿去买机票啊

看来你真的生我的气了

尤其是跟你——我最好的朋友

说实话，你觉得王老师现在在不在北京啊

再说了，你的汉语成绩比我好

王老师是教我们汉语的啊。要不，给王老师打个电话，请他帮帮忙吧

看来还是你脑子灵活啊

说实话，这次考试成绩不好是因为我没有发挥好

第七单元
预防疾病

第一课　打流感疫苗

二、表达式

（一）练一练：用"算"完成句子

1. 这不算冷
2. 11 点不算晚
3. 我家不算远

（二）练一练：用"……什么呀"完成句子

1. 瞎说什么呀
2. 好什么呀
3. 便宜什么呀

（三）练一练：用"其实"完成句子

1. 其实你的能力很强的，只是以前没有发挥出来而已
2. 其实她弟弟也在卫校上学呢
3. 我其实没去过

第二课　早饭要吃好

二、表达式

练一练：用"难道"完成句子

1. 难道你们不是朋友吗
2. 难道你不知道吗
3. 难道你看不出来吗

第三课　病从口入

二、表达式

练一练：用"简直"完成句子

1. 哎呀，今天简直热死了

2. 我简直不能相信

3. 谢老师对我们太好了,简直像我们的姐姐一样

四、用指定的词语或者表达式完成会话

其实我一直在家

一个星期不出门算什么呀

天气再冷,也不能不出门啊　　你看你,脸色一点儿都不好

白减了

你简直太厉害了　　难道你就不觉得饿

不过再饿也不吃

其实你这样做

难道你生病了

简直难受死了

你看你,瞎锻炼

难道你没打流感疫苗

再难受也不能请假

说实话,你这么做得不偿失,还是应该先养好病

第八单元

关心他人

第一课　少抽点儿烟

二、表达式

(一)练一练:用"不然"完成句子

1. 不然明天起不来了

2. 不然他也会去问热娜

3. 不然她会着急的

(二)练一练:用"一+V+就(得)+数量短语"完成句子

1. 经常在图书馆一坐就是好几个小时

2. 一吃就是两三斤

3. 一喝就是一斤多

第二课　多劝两句，少吵两句

二、表达式

(一)练一练：用"来着"完成句子

1. 我们去哪儿来着
2. 给谢老师打电话来着
3. 在桌上放着来着

(二)练一练：用"万一"完成句子

1. 万一不够呢
2. 万一有什么事，你就找老师
3. 万一有没复习到的呢

第三课　把戒烟坚持到底

二、表达式

练一练：用"多亏"完成句子

1. 这次能买到票多亏你了
2. 上次多亏他帮助
3. 多亏这本书，要不然路上真没意思

四、用指定的词语或者表达式完成会话

不然迟到了
说什么来着　　不然参加不了考试了
一病就得四五天　　万一考不好怎么办
万一病重了怎么参加考试
好不容易等到期末考试了
就算去了，也学不了
多亏你想到了这个办法
好不容易才看上
看来药挺管用的
看书来着
不然病会加重的
万一考不好可怎么办
一学就是好几个小时
不然你就忘了
多亏听你的话，预习了

复习二

综合练习

课文　药补不如食补

四、选择下面给出的词语或者表达式完成填空,并说一说课文内容

看来　　再贵也舍得花钱给孩子买

好不容易　　尤其　　难道

说实话　　再说　　什么的　　就算　　也　　不然　　白买　　万一

六、用下面给出的词语或者表达式完成对话

该放假了

可不是

看来你没玩儿够　　　除了库尔勒以外,就去过乌鲁木齐

趁着年轻

要不你陪我一起去

说实话

其实你打得已经很不错了

好不容易放假了

说起培训班　　　该锻炼锻炼了　　　白练

忘得再多　　也比别人快

趁着没有报班

尤其是春节前后

要不暑假再去

还算好买　　　一排就得一两个小时

难道寒假就不能去了

就算你买到了去的票　　　也不一定能买到

万一买不到回来的票

不然考不好

第九单元
学生百态

第一课　高考状元们是怎么生活的

二、表达式

（一）练一练：用"即使……也……"完成句子

1. 即使刮风下雨的天气，也从来不迟到
2. 即使是晚上，也没问题
3. 即使他再忙，也能完成

（二）练一练：用"不但……而且……"完成句子

1. 缩短了世界的距离
2. 而且会把身体搞坏
3. 而且要给孩子良好的教育

（三）练一练：用"A 是 A，不过 / 可是 / 就是……"完成对话

1. 他们吵是吵
2. 好看是好看，就是音响效果不大好
3. 输是输了，可是你们班的表现也很不错啊

（四）练一练：用"是不是"完成句子

1. 去市中心是不是坐这趟车
2. 黄老师是不是你们班的新老师
3. 是不是身体不舒服啊

第二课　我的住校生活

二、表达式

（一）练一练：在不改变句子意思的情况下，用"对于……来说"改写句子

1. 对于很多内地人来说，新疆是一个充满神奇色彩的地方
2. 对于人们来说，现在手机已经成为生活中必不可少的东西了
3. 对于糖尿病人来说，应该严格控制饮食

（二）练一练：用"然而"完成句子

　　1. 然而她已经大学毕业了

　　2. 然而一到春节，还是得看

　　3. 然而他却输了

（三）练一练：用"居然"完成句子

　　1. 现在居然有一个多星期

　　2. 居然忘了登机的事

　　3. 他居然只用了一天就完成了

（四）练一练：用"好像……似的"完成句子

　　1. 好像是巴哈尔的似的

　　2. 好像要下雨似的

　　3. 你好像不太想去似的

第三课　美国人赞成学生打工

二、表达式

（一）练一练：用"连……也／都……"完成句子

　　1. 连个灯都没有

　　2. 连以前老学生的名字都能记住

　　3. 连水都不能喝

（二）练一练：用"尽管……还是／但是／也……"完成句子

　　1. 尽管雪很大，火车还是正点到达了

　　2. 他们尽管这样说，但还是希望你能取得好成绩

　　3. 尽管医生说治好的希望不大，可他还是活过来了

（三）练一练：在不改变意思的情况下用"意味着"改写句子

　　1. 如果你考上外地学校，那就意味着你从此要独立生活了

　　2. 婚姻中太多考虑"钱"的因素的话，就意味着这种婚姻是交易

　　3. 你做的这些事，我没说什么，并不意味着我赞成你的做法

（四）练一练：用"既然……就／那么……"完成对话

　　1. 既然这样

　　2. 既然来了

　　3. 既然你们都不赞成

综合练习

四、用指定的词语完成下列对话

1. 好像就你一个人有作业似的
   即使没有作业
   你妈妈居然还管这么严

2. 不是没有什么矛盾吗
   说是这么说
   都有些什么矛盾
   宿舍卫生谁打扫得多,谁扫得少啦,别人睡觉的时候,有人听音乐啦什么的
   是不是一吵架就谁也不理谁了
   比如说大家一起热热闹闹的,不会觉得孤单,通过适应宿舍生活,将来能更好地适应社会

3. 难道你不做吗
   做是做
   洗菜、洗碗、拖地什么的
   你真了不起
   我觉得我做不了
   我看不是你做不了,而是你不想做吧

4. 连电影都可以看

5. 这对于那些贫困学生来说可真是个好消息
   这意味着他们可以实现上大学的梦了

6. 尽管网络文学现在很流行,但我还是喜欢看经典小说

第十单元
花季少年

第一课　我不想搞特殊化

二、表达式

(一)练一练:用"那倒是"完成句子

1. 那倒是,咱们赶紧订票吧
2. 那倒是,我一定戒
3. 那倒是,谁都不可能不劳而获

（二）练一练：用"也没什么嘛"改写句子

1. 今年的贺岁片也没什么嘛,哪有宣传的那么好

2. 你生活上需要的东西,父母都给你了,所以你爸爸减一点儿你的零花钱也没什么嘛

3. 你说今天老师留的那道数学题特别难,我觉得也没什么嘛,我用了十几分钟就做出来了

（三）练一练：用"跟……过不去"完成句子

1. 别这么跟我过不去嘛

2. 你别跟我过不去呀

3. 跟自己过不去

（四）练一练：用"什么叫……呀"完成下列句子

1. 什么叫时间还早呀

2. 什么叫我不懂呀

3. 什么叫骗你呀

（五）练一练：用"好了……"改说下列句子

1. 好了,文章写完了,你检查一下吧

2. 好了,好了,不就是一件小事么？难道大家就不能好好儿商量一下吗

3. 好了,这次会议就开到这里,有什么问题我们下次再讨论吧

（六）练一练：用"大不了"改写下列句子

1. 真要做得不开心,大不了就是辞职,我觉得没什么

2. 找不到我爱的人,大不了我就不结婚,一辈子单身好了

3. 我今天要加班,你别等了,大不了我回来吃碗泡面就行了

综合练习

二、模仿下列反对态度的表达,完成对话

1. 晚会还有一个小时才开始呢,急什么

2. 她那不是说气话吗

3. 就算唱不好也没什么嘛

4. 别搞形式主义的东西嘛　　什么叫形式主义呀

5. 什么叫多管闲事啊

第二课 结账时的尴尬

二、表达式

（一）练一练：用"要是……，不早就……"完成下列句子

1. 我不早就住院了
2. 不早就跟你分手了
3. 我不早就吃了

（二）练一练：用"谁知道……啊"完成下列句子

1. 谁知道好不好啊
2. 谁知道他今天又有什么理由
3. 谁知道找谁的

（三）练一练：用"不就是……吗"完成下列句子

1. 不就是一个小测验吗
2. 不就是一个亭子吗
3. 不就是打扫卫生吗

（四）练一练：用"幸亏……要不……"完成下列句子

1. 幸亏路边有个修车的
2. 要不就糟糕了
3. 幸亏你提醒我，要不我还真忘了

第三课 中学女生爱留"宇春头"

二、表达式

（一）练一练：用"频频"改写下列句子

1. 他由于在工作中频频出错而被老板批评
2. 小夫妻结婚不久，两人频频吵架，闹得都快要离婚了
3. 今天穿了这件漂亮的新衣服上班后，我发现同事们频频地回头看我

（二）练一练：用"能否"改写下列句子

1. 老板最后能否同意你的方案要看大多数人的意见
2. 飞机能否按时起飞现在还很难说
3. 儿子写完作业后，问妈妈他能否玩儿一会儿电脑

（三）练一练：用"不仅……还……"改写下列句子

1. 现在的很多女孩子找对象时不仅要求对方对自己好，而且还要求事业有成
2. 年轻人在大城市工作生活面临的压力不仅是竞争激烈，还有高房价等

3. 经常熬夜的危害不仅有血压升高,还有神经衰弱等

(四)练一练:用"不在乎"改写下列句子

1. 老师批评他上课睡觉,可是他一点儿都不在乎
2. 家长们不在乎花多少钱,为的就是让孩子能上一个好学校
3. 虽然对于我的做法很多人有不同的看法,可是我并不在乎,因为我觉得自己做的是对的

综合练习

二、模仿下列肯定态度的表达,完成对话

1. 那倒是(,还是要根据具体情况选择合适的电视啊)
2. 就应该这么做嘛
   那倒是
3. 好像是有那么一点点啊

三、用指定的词语完成对话

1. 谁知道他因为什么事跟我过不去
2. 老板对我有意见,大不了我辞职不干了
3. 什么叫没有同情心啊,我不是急着用吗
4. 要是打电话能说清楚,早就打了
5. 谁知道你说的是不是真心话啊
6. 不就是一个电视剧吗? 有什么好看的
7. 幸亏咱们买得早,要不就去不成上海了
8. 最近怎么频频出现桑拿天,是不是有什么不正常
9. 能否再给我们半个小时的时间
10. 在哪儿办我不在乎,一家人吃顿饭就行了

第十一单元
学海无涯

第一课　坚强孤儿圆北大梦

二、表达式

(一)练一练：用"比别人矮半头"完成下列对话

1. 他因为学习不好,总觉得比别人矮半头
2. 他情绪一直不好,总觉得自己比别人矮半头
3. 以前我觉得自己家里太穷,比别人矮半头,没有自信,后来不这么想了

(二)练一练：用"受……影响"改写下列句子

1. 小孩子很容易受别人的影响
2. 孩子的很多习惯都是受父母的影响
3. 有些年轻人的穿衣、打扮都是受韩剧的影响

(三)练一练：用"以"改写下列句子

1. 请你把这件事以别人容易理解的方式再说一遍
2. 以小李的能力,应该可以通过律师考试
3. 以我对热娜的了解,她不会说出这样不讲理的话

(四)练一练：用"比起……(来)"改写句子

1. 比起大海来,在游泳池游泳太没意思
2. 比起南方来,北方的雨水太少了
3. 比起他哥哥来,王刚的弟弟对人热情多了

第二课　闭关十年出新作

——蔡志忠的漫画人生

二、表达式

(一)练一练：用"是/不是那个意思"完成对话

1. 我不是那个意思,我是有别的工作让你做
2. 对,我是这个意思
3. 我看不是那个意思,他是让咱们快点儿通过

（二）练一练：用"无论"完成下列句子

1. 无论多忙

2. 他都能努力克服

3. 可是无论她怎么努力也减不掉

（三）练一练：用"只是"改写句子

1. 中国不是不想申办"世界杯"，只是时机还不成熟

2. 哥哥在外地工作，只是新年才回家来看看

3. 大夫说我没什么大问题，只是消化不良

（四）练一练：用"在……看来"改写句子

1. 在王老师看来，周末一个人待在家里，找一本喜欢的小说看，是最幸福的事情

2. 在中国人看来，"玉"既是美丽的石头，也是品德高尚的象征

3. 在我看来，节约用水不只是习惯问题，而是环保意识的问题

第三课　眼睛与大脑的距离

二、表达式

（一）练一练：用"有什么……的"改写句子

1. 我真不理解游戏有什么好玩儿的，多浪费时间啊

2. 背 20 个英文单词有什么难的，让我背 100 个都没问题

3. 个子矮有什么不好意思的？你没看世界上这么多名人都是矮个子

（二）练一练：用"为什么不……呢"改写句子

1. 放暑假了，学校都没人了，你为什么不回家看看呢

2. 你知道我没带钥匙，为什么不等我呢

3. 你看你病得这么厉害，为什么不早点儿去医院看病呢

（三）练一练：用"在+动词+下"完成句子

1. 在家人的请求下

2. 在乘客的要求下

3. 在学校的帮助下

综合练习

七、用指定的词语完成对话

1. 飞机受天气影响比较大

在恶劣天气下还容易出事故

在我看来,天气对火车的影响更大

2. 无论是人还是动物,都是生命

3. 我可不是那个意思

4. 你眼睛看不清楚,为什么不配眼镜呢

5. 比起其他玩具来,魔方更能开发智力

6. 以他们队员的个人能力来说,都比德国队强

7. 镜子有什么好看的

   骗你干什么呀

8. 期中考试他成绩很不理想,就觉得比别人矮了半头

9. 你别这么不在乎,参加婚礼还是应该穿得正式一点儿

10. 不要紧,只是有点儿头晕

第十二单元
青春律动

第一课 成长的烦恼

二、表达式

(一)练一练:用"不……就是不……"完成对话

1. 不愿意去就是不愿意去,没什么原因

2. 不来就是不来,没什么可解释的

3. 不吃就是不吃,你再劝也没用

(二)练一练:用"越来越"改写或者完成句子

1. 半年不见,你越来越漂亮了

2. 越来越高了

3. 越来越多,也越来越难了

(三)练一练:用"以……为……"改写下列句子

1. 这次口语考试以"我的汉语学习体会"为题目

2. 这孩子,总是以身体不舒服为不来上学的理由

3. 很多大城市正在考虑采取措施解决交通堵塞问题,以北京为例,采取了限行的政策,取得了较好的效果

（四）练一练：用"动不动（就）"改写或完成下列句子

　　1. 这孩子动不动就哭，真是太难对付了

　　2. 动不动就生病

　　3. 动不动就下雨

（五）练一练：用"甚至"改写或完成下列句子

　　1. 你变得越来越漂亮了，我甚至都认不出你来了

　　2. 甚至很多汉族人都发不准

　　3. 甚至连小孩子都懂

第二课　缺少阳光的角落

二、表达式

（一）练一练：用"只见"或"只听"完成下列句子

　　1. 到了医院只见孩子躺在病床上，满身是血

　　2. 只见老师走过来，让大家马上回教室

　　3. 刚睡着，只听一阵敲门声

（二）练一练：用"原来"完成下面的句子

　　1. 原来她去车站接她父母去了

　　2. 原来同学们在进行考试

　　3. 原来你也知道了

（三）练一练：用"不但……反而……"完成句子

　　1. 反而赔了很多

　　2. 体重反而增加了

　　3. 不但没有轻松

（四）练一练：用"既然……也／就……"完成句子

　　1. 就该努力点儿

　　2. 就要互相帮助

　　3. 就高兴点儿

第三课　三位学生的自述

二、表达式

（一）练一练：用"当回事"改写下列句子

　　1. 夏哈甫刚开始只是有点儿咳嗽，他没当回事，没想到就成了肺炎

2. 就这么一次考试成绩不好,没什么关系,别当回事

3. 学校要来检查宿舍卫生,咱们可一定得当回事,好好儿收拾一下

(二)练一练:用"什么似的"改写句子

1. 你快去看看吧,热娜不知怎么了,一个人在房间里哭得跟什么似的

2. 我真受不了艾哈买提,考了一个 100 分,到处跟别人说,骄傲得跟什么似的

3. 我姐姐找了半年工作了,今天终于接到一个公司的电话说录用她了,高兴得跟什么似的

综合练习

五、用括号中指定的词语完成对话

1. 我爸动不动就发火
   不但没有效果,他反而更生气了

2. 既然知道,为什么没做完
   你现在越来越会编理由了

3. 像有什么委屈似的
   你别把这个当回事,让你坐在那里与学习成绩没有任何关系
   我眼睛越来越近视

4. 我才懒得管你呢。反正我说了,你好自为之吧

5. 怪不得他们俩经常一起来呢
   动不动就瞎猜

6. 瞧你累得跟什么似的

7. 他总是以他身体不好为理由
   我甚至还想打他呢

8. 原来咱们是校友啊

复习三

综合练习

一、选择合适的词语填空

1. 盲目　　2. 紧接着　　3. 观念　　激怒　　4. 凑　　　5. 宽容　　戏弄

6. 成见　　7. 人气　　8. 一饱眼福　　9. 追求　　放弃　　10. 意图

11. 需求　　12. 改天　　13. 不当回事儿　　14. 轻视　　15. 彼此

二、用指定的表达式完成句子

1. 人跟人不一样,也有很多人不能实现自己的梦想

2. 晚会的节目、怎么准备什么的

3. 同学之间闹矛盾是常有的事

4. 好像喝醉了似的

5. 尽管换了教练,我对女排的前景还是很担心

6. 这么点儿小病犯不上找专家看

7. 好了,好了,别生气了,随他去吧

8. 幸亏我们的车出发晚了,要不肯定赶上了

9. 管我叫阿姨

10. 我们要去的那个地方基本上没受影响

第一单元
防患未然

第一课　不做"夜猫子"

表达式

1. 练一练：根据括号中的提示，用"直"完成句子

（1）吓得直哭

（2）一动不动地直盯着人家看

（3）疼得我直叫

2. 练一练：用"难道"完成句子

（1）难道你不会做吗

（2）难道不饿吗

（3）难道你不知道吗

3. 练一练：用"除了"完成对话

（1）除了歇着多喝点儿水以外，也没有别的好办法了

（2）除了你以外，小李、小王他们俩也没去

（3）除了英语

4. 练一练：用"这么一说"完成句子

（1）我真相信了

（2）我还真想看看

（3）他再也不敢抽烟了

第二课　发生火灾时怎么办

表达式

1. 练一练：用"因为"等表示因果关系的词语完成下列句子

（1）因为消防通道被堵住了,救护车开不过去

（2）因为大城市找工作太难了

（3）因为人们及时发现了

2. 练一练：用"如果……,那么 / 就……"完成下列句子

（1）我就不这样了

（2）那么我一定尽最大的努力打好这场比赛

（3）如果这个阶段父母处理不当,孩子很容易走上歪路

3. 练一练：在不改变意思的情况下,用"本来"改写句子

（1）他要是只是淘气,不欺负低年级的学生,我本来是不会说他的

（2）高考前,他本来打算参加英语考试的,可考试前突然改成考日语了

（3）四川好玩儿的地方可多了,我本来打算玩儿一星期,后来我妈打电话,让我早点儿回家,我就提前回来了

4. 练一练：用"越……越……"完成句子

（1）下　　大　　走　　滑

（2）弄　　漂亮

（3）来　　漂亮　　来　　多

第三课　怎样保护牙齿

表达式

1. 练一练：用"与……相配"完成句子

（1）这件衣服与那个场合不相配

（2）与你的身份不相配

（3）男方的家庭条件与她家不相配以外

2. 练一练：用"可不是"完成对话

（1）可不是,真可惜

（2）可不是吗,这也太不给人留面子了

（3）可不是吗,我们先吃吧

3. 练一练：根据下面的情况,用"天哪"说句子

（1）天哪,昨天是妈妈的生日,我竟然给忘了

（2）天哪,兵马俑规模这么宏大！真壮观啊

（3）天哪,他竟然考上了清华大学,真是想不到啊

4. 练一练：用"不知道……好"完成句子

（1）我真是不知道该听谁的才好

（2）我真不知道坐什么才好

（3）不知道什么时候去最好

5. 练一练：用"这么说"完成对话

（1）这么说他们已经和好了

（2）这么说甜甜有救了

（3）这么说,下回我们再去上海就不用坐飞机而是改坐高铁了

综合练习

六、用指定的词语完成下列对话

1. 我看到你后直叫,可你就是听不见

2. 坐远了你看不清,难道我就能看清吗？ 我的眼睛也不太好

3. 听你这么一说,他上次发誓说要努力学习看来是认真的

4. 越是周末人越多

5. 本来我们定的周五,但那天她临时有事,就改到今天了

6. 可不是吗？ 我家就我一个孩子,都没人陪我玩儿

7. 天哪,那不是学校的食堂吗

8. 款式这么多,我都挑花了眼了,真不知道穿什么好

9. 这么说,我得多吃点儿胡萝卜和辣椒啦

10. 这样也好,那就定在今天下课后吧

11. 除了卧龙以外,大熊猫保护区还有十几个呢

12. 因为不想让他们担心

13. 一是不伤牙齿,二是不伤牙龈

第二单元

修身为本

第一课　不能说出的秘密

表达式

1. 练一练：用"怎么会……呢"完成句子

（1）怎么会找不到了呢

（2）他怎么会去美国了呢

（3）她是你的好朋友,你的生日晚会她怎么会不来呢

2. 练一练：用"于是"完成句子

（1）于是就躺在沙发上睡了一觉

（2）于是我就约了几个朋友一起去公园玩儿

（3）于是今年我提前十天就买好了车票

3. 练一练：用"竟"完成句子

（1）竟还得了这么个大奖

（2）这次考试竟不及格

（3）考试竟忘了写名字

4. 练一练：用"仍然"改写下列句子

（1）因为上学迟到被老师批评了很多次,可他仍然经常迟到

（2）练习了很多次,我仍然发不好这个音

（3）我游泳不分季节,冬天仍然会坚持

第二课　出门旅游要做文明游客

表达式

1. 练一练：在不改变意思的情况下,用"从……做起"改写句子

（1）学习画画儿,要从学习素描做起

（2）每个人都应该从节约用水做起

（3）治理沙漠化要从增加绿化面积做起

2. 练一练：用"好像"完成句子

（1）好像没有人一样

（2）好像受了什么打击

（3）好像有人来过

3. 练一练：用"差点儿"完成句子

（1）我好几次都差点儿摔跤

（2）我差点儿感冒

（3）我差点儿就没挤上车去

4. 练一练：用"其实"完成句子

（1）其实二十分钟就到了

（2）其实这只是营销的一种手段

（3）其实我是南方人，不过在北方生活了很长时间了

5. 练一练：用"随着"完成句子

（1）随着互联网的不断发展

（2）随着房价的不断上涨

（3）随着私家车的日益增多

第三课　话里人生

表达式

1. 练一练：用"犹豫不决"改写下列句子

（1）是应该继续考研究生还是找工作，我真是犹豫不决。

（2）前几天跟小明吵架，我们已经好几天都没说话了，该不该先开口跟他道歉呢？我犹豫不决。

（3）虽然成绩名列前茅，但是由于家里贫穷，在要不要继续上学这个问题上她犹豫不决。

2. 练一练：在不改变句子意思的情况下，用"还是"改写下列句子

（1）去过那么多地方以后，我还是觉得家乡最好。

（2）这么多年没见，你还是跟以前一样，没什么变化啊。

（3）虽然已经立春好久了，可是天气还是跟冬天一样。

3. 练一练：用"毕竟"完成句子

（1）毕竟他还只是个小孩子

（2）毕竟孩子太小，这个年龄还是应该多玩儿玩儿的

（3）毕竟已经立冬了

综合练习

七、用指定的词语完成对话

　　1. 人家学芭蕾舞都是从小学起的

　　　好像我是妖怪似的

　　2. 毕竟这次病得不轻

　　3. 别犹豫不决了

　　4. 权衡了一下利弊,我还是决定选择这个专业

　　5. 看上去似乎很随意,其实还是很见功力的

　　6. 你奶奶可是退休的大学老师啊,怎么也会上当呢

　　7. 差点儿就赢了

　　8. 这么贵的东西竟说买就买了

　　9. 随着年龄越来越大,身体机能也会逐渐退化,得注意锻炼啊

第三单元
推心置腹

第一课　儿子的成绩为什么下降了

表达式

1. 练一练:用"说不定"改写句子

　（1）上午下雨,下午说不定就不下了,别担心

　（2）你现在讨厌他,说不定再接触一段时间,你的看法就不一样了

　（3）说不定是他太忙了吧

2. 练一练:用"免不了"完成句子

　（1）免不了会觉得紧张

　（2）免不了有些不习惯

　（3）免不了要搞个聚会,送送礼物什么的

3. 练一练:在不改变意思的情况下,用"给我 +V"改写句子

　（1）夏哈甫,你给我出来,你看看你干的好事儿!

　（2）你给我走开! 我不想听你的解释。

　（3）谁让你买这么贵的东西? 你马上去给我退了!

第二课 一位母亲给正在热恋中的女儿的一封信

表达式

1. 练一练：用"或者……，或者……"改写或完成句子

（1）这个建议提出后，大家或者赞成，或者反对，争得不可开交

（2）或者看电影或者去郊区玩儿

（3）或者锻炼身体，或者三五成群地聊天儿

2. 练一练：在不改变意思的情况下，用"抱有"改写句子

（1）有病不要怕，应该抱有积极的态度进行治疗

（2）有些人不喜欢巴黎，可是我一直都对巴黎抱有好感

（2）办公室最近来了一个新职员，小王对他抱有敌意

3. 练一练：在不改变意思的情况下，用"没什么好……的"改写句子

（1）被老师说两句没什么好难过的，改了就行了

（2）小孩子不懂事，做错了事，没什么好生气的

（3）我取得的这点儿成绩你也能取得，没什么好羡慕的

4. 练一练：用"还不如"完成句子

（1）还不如我们先走，让他慢慢追呢

（2）还不如存在银行里吃利息呢，那样多安全啊

（3）还不如在家待着呢

5. 练一练：用"……的话"完成句子

（1）要是明天刮大风的话

（2）要是平时不努力的话

（3）不提前一个小时出发的话

第三课 父与子的对话

表达式

1. 练一练：用"如此"改写或完成句子

（1）惠子学习如此努力，她真是我们的榜样。

（2）孩子们整天玩儿网络游戏，他们对网络游戏如此着迷，让家长很着急。

（3）对，天天如此。

2. 练一练：用"从……的角度看"完成句子

（1）从治理城市交通的角度看

（2）从老师的角度看

（3）从保持城市卫生的角度来看

3. 练一练：用"反正"改写或完成句子

（1）不管路有多远,反正今天晚上7点前我们一定要赶到。

（2）无论你有多么喜欢这套房子,反正我不喜欢。

（3）反正他不会答应的

4. 练一练：用"迟早"改写或完成句子

（1）交通堵塞问题迟早会得到解决的。

（2）作业迟早要交的,你现在有时间就赶紧写吧。

（3）迟早能学好

综合练习

六、用指定的词语完成对话

1. 不知道怎么处理才好

　 还不如送给朋友或邻居

2. 我对获得赔偿抱有希望

　 或者协商解决,或者去法院告他们

3. 你现在就给我退了

　 没什么好商量的,你必须给我退了

4. 免不了放松放松

　 反正年轻人早晚得挑大梁

5. 而这次竟然败给了一个新手

6. 说不定奶奶没听见

7. 网上订火车票是早晚的事儿

8. 我根本不知道你借了这本书

第四单元
情感误区

第一课　他为什么攻击姐姐

表达式

1. 练一练：在不改变意思的情况下，用"无故"改写下列句子

（1）王经理今天无故奖励我，这一定有什么问题。

（2）5月份的汉语水平考试无故取消了，考生很不满。

（3）昨天王珊珊一上班就被老板无故批评了一通。

2. 练一练：在不改变意思的情况下，用"是由于"改写下列句子

（1）昨天晚上商厦起火，造成了这么大的损失，是由于消防车接到报警赶到起火现场的时候，消防通道上却停满了车，消防车进不去。

（2）墨西哥队这次在1/8决赛中失利，是由于裁判误判对方进球，引起了墨西哥队球员情绪的波动，最终导致失败。

（3）今天早上地铁无法正常运营是由于高峰时段乘客拥挤，挤坏了安全门。

3. 练一练：在不改变意思的情况下，用"干这干那"改写下列句子

（1）现在人们为了保健吃这吃那，其实并不是吃得越多越好，还是应该根据身体的需要来选择。

（2）小王人很勤快，一到办公室就不停地干这干那，有他在，办公室总是干干净净、整整齐齐的。

（3）我真不理解，人家老万为帮助贫困地区多次捐款，可有人却说这说那，真不知道这些人是怎么想的！

4. 练一练：在不改变意思的情况下，用"或多或少"改写下列句子

（1）售货员说即使是环保建材，或多或少也有点儿异味，所以我们就可以这样理解：没有完全环保的建材。

（2）日本著名作家黑泽明自杀身亡，这已经是他的家族中第三个死于自杀的人。黑泽明选择自杀是不是或多或少跟他家族的遗传有关系呢？

（3）哈力甫的汉语说得非常好，人们都不相信他才学习了一年汉语。不过，如果你注意听他说话，或多或少还是可以听出来一点儿维语口音。

第二课　过度的爱是一种伤害

表达式

1. 练一练：用"受委屈"改写句子

（1）夏哈甫想离开那家公司,因为他觉得他受委屈了。

（2）这个孩子别人说她一点儿,她就觉得受委屈了。

（3）热娜是大城市的姑娘,她跟随丈夫来到山区工作,觉得受委屈了。

2. 练一练：用"轻易"改写或者完成句子

（1）古丽因为平时学习非常努力,所以这次轻易地就通过了MHK（四级）考试。

（2）一个小时写出500字的作文,对于刚刚学习汉语的我来说,不是轻易就能完成的。

（3）轻易戒不掉啊

3. 练一练：用"看起来"完成句子

（1）看起来很难

（2）她看起来很年轻

（3）这个菜看起来没什么问题

第三课　超级"粉丝"的疯狂追星路

表达式

1. 练一练：用"出于"改写句子

（1）出于工作需要,李明学会了讲西班牙语、英语和意大利语。

（2）出于好奇,我买了这本畅销书,看看到底讲了什么内容如此热销。

（3）父母问你也是出于关心嘛。

2. 练一练：用"一味"改写句子

（1）我们工作不是一味地为了金钱,同时也是为了让自己的生活变得更加充实。

（2）买东西的时候如果一味地追求价格便宜,很有可能会买到假货。

（3）我们不能一味地通过外表来判断一个人,了解他的素质更重要。

3. 练一练：用"跟……有关(系)"改写或者完成句子

（1）你的这颗牙坏掉了跟你平时吃了太多的甜食,而且还不喜欢刷牙有关。

（2）蔡志忠的成功跟他自身的不懈努力有关。

（3）"8"与发财发达有关

综合练习

七、用指定的词语完成对话

1. 中国虽然输在了起跑线上
2. 我对工程专业特别感兴趣
3. 我认为不应该一味追求稳定
4. 上网玩儿这玩儿那，看这看那
5. 但是从另一个角度看，男孩子的语言能力的发育比女孩子晚
6. 是出于对自己的保护
7. 每个家庭或多或少都有损失
   你说这会不会跟全球气候变暖有关
8. 怎么无故换了队员，没有我了
   我们这样做是由于考虑到这次比赛是锻炼新人的机会
9. 这张照片上的新疆看起来像内蒙古的大草原
   如果你对新疆感兴趣
10. 做现在这个工作，她觉得受委屈了

复习一

综合练习

二、用指定的词语完成对话

1. 跟这本书相配
2. 在是否关闭广州办事处这件事上一直犹豫不决
3. 反正我只是出差的时候用
4. 出于好奇，我就真去了一趟
5. 你不能为使自己舒服而让大家受二手烟的毒害吧
6. 你赶快给我把报名取消
7. 送这送那
   怎么会买不该买的呢
8. 没什么好玩儿的　　还不如在家待着呢
9. 不知道怎么处理才好

第五单元

走马观花

第一课　老外谈长城的保护

表达式

1. 练一练：用"尽管"完成对话

（1）尽管我现在在饭店当服务员,但我终究还是会考大学的

（2）尽管我吃这么多,可就是不长肉

（3）尽管现在政府提倡保护长城,可长城管理部门并不太配合

2. 练一练：用"最初……,后来……"回答问题

（1）最初我们是在咖啡馆认识的,后来就经常在校园里碰到,没多久我们就成朋友了,现在我们是很好的朋友了

（2）最初我只是有点儿拉肚子,后来吃了点儿东西以后就开始吐

（3）最初不太习惯,后来认识了很多朋友,慢慢开始习惯起来了

3. 练一练：用"在于"完成句子或对话

（1）这就在于他的勤奋和努力

（2）他恢复得慢原因就在于他总是躺在床上,一点儿也不动弹

（3）最根本的就在于没有做好宣传工作

4. 练一练：用"好在"完成句子

（1）好在有父母的照顾,要不然身体非累垮不可

（2）好在发票没有扔

（3）好在今天老师没让我回答问题

第二课　偶然旅行

表达式

1. 练一练：用"是这样"完成对话

（1）是这样,中午的时候我怕你休息,没敢给你打,下午有几个朋友来我家玩儿,坐到十点多才走,我又怕你已经睡觉了,所以就没打成

（2）是这样,本来选的是小张,但是他没同意,只好让小李当

（3）是这样,我老婆怀孕了,如果我升职,肯定就没有时间照顾家了

2. 练一练：用"别看"完成下列句子

（1）跟老外对话已经没有问题了

（2）吃下去不到一个小时，肯定肚子不疼了

（3）现在已经发展成为拥有几百个员工的大公司了

3. 练一练：用"别提多 + 形容词 + 了"完成对话

（1）你说呢，他别提多高兴了，每天都乐呵呵的

（2）那个商场啊，你还没去过呢？那就别去了，那里的东西别提多贵了

（3）别提多忙了，都是因为总经理这几天要来我们部门检查

4. 练一练：用"这还用说"完成对话

（1）当然是医学了，这还用说

（2）这还用说，咱们班的晚会什么时候少过我

（3）这还用说，我都去过俩医院了，开了好多药，但到现在还没好转

第三课　杨澜采访美国前驻华"自行车大使"布什

表达式

1. 练一练：用"简直"完成对话

（1）你简直就跟毕业时一样，一点儿变化都没有

（2）我们俩好得简直就跟亲兄弟一样

（3）这个计划简直就是自杀

2. 练一练：选取恰当的形容词用"而又"来形容下面的事物

（1）小巧而又实用

（2）时尚而又暖和

（3）枯燥而又乏味

3. 练一练：用"事实上"完成对话

（1）我是选择了法律专业，但事实上我并不想当律师，而是想当法官

（2）虽然在法国待了一年，但事实上我的法语不怎么样

（3）事实上，我们算不上朋友，只是见面打个招呼而已

4. 练一练：用"没什么两样"完成对话

（1）有区别吗？我觉得跟上次吃的那种鱼没什么两样

（2）对啊，可是我还是没什么进步，我觉得跟中国老师也没什么两样

（3）对，他对我跟对待亲生儿子没什么两样

综合练习

四、用所给词语完成下列对话

1. 是这样,下个月老板要出国,这个问题只好提前讨论了
2. 这还用说,当然考上了
   别看他平时贪玩儿,但真遇到大事儿,一点儿也不含糊
3. 这个电影画面优美而又感人至深,我简直都陶醉在其中了
4. 尽管父母反对,我还是坚持自己的决定
   最初他们坚决反对,后来看我始终坚持,也就随便我了
   说服他们别提多难了
   好在后来他们自己想通了
5. 这还用说,电视上报道过好几次呢
   别看它便宜,效果可真不错
   从效果上来说,这两种药没什么两样,可这个便宜啊
6. 别看表面上效果不明显,事实上已经有很大的变化了
   要想彻底治愈,关键在于坚持按计划进行治疗,并加强锻炼
7. 好在你来得比较及时,问题应该不太严重

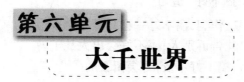

第六单元

大千世界

第一课　短信:空中飘满"小纸条"

表达式

1. 练一练:根据所给情境,用"放着好好儿的 + 名词 + 不 + 动词,偏/非……"造句

（1）你放着好好儿的地铁不坐,偏打什么车。
（2）放着好好儿的学校宿舍不住,干吗非去学校外面租房子啊,又贵又远。
（3）放着好好儿的家不住,干吗非要搬出去啊?

2. 练一练:根据所给情境,用"动词 + 个不停"造句

（1）我妈妈整天跟我唠叨个不停,什么上课要认真听讲了,不要玩儿电子游戏了,烦死了。
（2）你怎么总是吃个不停啊? 饮食要有规律,否则对身体不好。

（3）你们怎么吵个不停啊？都是朋友，为了这点儿小事值得吗？

3. 练一练：根据所给情境，用"再/最＋形容词＋不过了"造句

（1）小区门口开一个超市，真是再方便不过了。

（2）我正好没带伞，能搭你的车真是再好不过了。

（3）这个工作，我觉得交给小王再合适不过了。

4. 练一练：用"意味着"完成句子

（1）离婚意味着一段感情的结束，也意味着新生活的开始。

（2）找不到工作就意味着没有收入。

（3）考不上大学就意味着辜负了父母对我的期望。

第二课　像我这样的网民

表达式

1. 练一练：用"一心"改写句子

（1）他一心想当医生，给病人治病，所以想读医学专业。

（2）母亲生病了，他放下手里的工作，一心照顾母亲。

（3）他一心想当演员，别的工作他都不愿意做。

2. 练一练：根据要求，用"搞不好"造句

（1）快点儿完成手里的工作啊，搞不好一会儿领导会来检查。

（2）你千万别把这件事儿告诉别人，搞不好会出大乱子。

（3）你一定要努力学习，搞不好不及格，会留级的。

3. 练一练：用"对……来说"完成对话

（1）对咱们这个水平的学生来说，这个卷子并不难吧

（2）对癌症患者来说，一个月的治疗才刚刚开始

（3）对正在发育的年轻人来说，吃这么少对健康是有害的

4. 练一练：用"不得不"改写句子

（1）下雨了，我站在路边等了很长时间，一辆出租车都没有，我不得不坐公共汽车去了学校

（2）这个周末单位有点儿急事儿，我不得不下周再跟老同学聚会了

（3）今天都四十度了，不得不开空调了

第三课　密码强迫症

表达式

1. 练一练：用"此外"回答问题

（1）主要是咱们部门的同事，此外还有市场部的几个负责人。

（2）我主要在市里的几个景点逛了逛，此外还去了趟郊区的森林公园。

（3）胃镜，此外还做了血液的常规检查。

2. 练一练：根据语境用"居然"造句

（1）你来到乌鲁木齐居然不跟我联系，我们还是不是好朋友啦？

（2）小明学习很一般，这次考试居然得了全班第一名。

（3）你病得这么厉害，居然现在才来医院看病。

3. 练一练：用"不管"完成对话

（1）不管他们同意不同意，我一定要去

（2）不管你要不要网上银行，都得要密码

（3）不管是开车去还是打车去，反正我们得 8 点准时到

4. 练一练：用"比如"回答下列问题

（1）好吃的太多啦，比如哈密瓜、葡萄干什么的。

（2）可以去的地方很多啊，比如伊犁、吐鲁番都是很美的地方。

（3）新疆有很多民族，比如维吾尔族、汉族、哈萨克族、回族等等。

综合练习

七、用所给词语完成对话

1. 这是他的老婆，你居然不知道

2. 此外，我觉得这样的比赛没什么意义，我根本不想参加

3. 再不去上课搞不好就不能参加考试了
　　我不得不去上课了

4. 对呀，要是能自动过滤掉垃圾短信那真是再好不过了

5. 对我来说，发短信是必不可少的一种联系方式
　　比如你在开会，再比如你办公室人太多，那就发短信最方便

6. 他一心想当画家

第七单元
情暖人间

第一课　母亲

表达式

1. 练一练：根据下面提供的情境,用"硬着头皮"造句

（1）这本书的内容我真的不喜欢,但我还是硬着头皮看完了。

（2）这碗中药汤太难喝了,但是为了治病,我硬着头皮把它喝完了。

（3）我真不喜欢跟陌生人聊天儿,但是没办法,硬着头皮我也得去。

2. 练一练：用"差点儿"完成对话

（1）差点儿迟到

（2）差点儿不及格

（3）唉,别提了,他差点儿就成功了,可惜最后因为专业不对口被拒绝了

3. 练一练：用"一……一……"完成句子

（1）一口一口慢慢吃

（2）一本一本看

（3）一个一个地打,把这件事儿告诉他们

4. 练一练：用"没什么"完成对话

（1）没什么大事儿,就是堵车堵得我心烦

（2）没什么,回头我再给你买个更好的

（3）没什么了不起的,你努力努力也能做到

第二课　六元钱买下的爱

表达式

1. 练一练：用"一……就……"完成对话

（1）他一听到这个消息就晕了过去

（2）一下课我就去食堂吃饭

（3）我也不知道为什么,反正一看到他就觉得烦

2. 练一练：用"一连"完成对话

（1）我一连加了一个星期的班,累死了

（2）回到家以后我一连做了三四个小时的作业,现在终于做完了

（3）一连五六个生意他都谈丢了,公司能不开除他吗

3. 练一练：用"为了……而……"完成对话

（1）我父母身体不好,我是为了照顾他们而放弃了这个机会的

（2）这项法律是为了保护自然环境而制定的

（3）他是为了实现当律师的梦想而选择了这个专业的

第三课　一张忘取的汇款单

表达式

1. 练一练：用"以……方式"完成对话

（1）以短信的方式提出分手不太礼貌吧

（2）是啊,以这样的方式批评学生会伤害他们的自尊心

（3）我觉得以最简单的方式来解决就可以,不用想太多

2. 练一练：根据所给句子的意思,用"反而"改写成一个新句子

（1）我们是好朋友,但是他不但不帮我,反而说我坏话

（2）这款手机功能不多,也不好看,价格反而比别的都贵

（3）他不但没要我的钱,反而给了我 200 块让我路上花

3. 练一练：用"未必"完成下列对话

（1）他刚出差回来,今天下午开会他未必知道

（2）我看未必,他平时学习似乎不怎么用心

（3）我觉得未必,再跟他好好儿谈谈吧

4. 练一练：用"说不定"完成对话

（1）说不定真会下雨

（2）说不定他知道

（3）给你老公打个电话,说不定他知道

综合练习

四、用指定词语完成对话

1. 那本书又枯燥又厚,我好不容易硬着头皮看完了
　 我可是一页一页仔细看的

2. 今天我带伞了反而不下了

天气预报未必准啊

3. 你一告诉我我就给她发短信了

你觉得以短信的方式告诉她好吗

没什么不好的吧

4. 差点儿就够分数线了,就差 2 分

要不准备复读吧,说不定明年能考得更好

是啊,现在也只能这样了,为了明年考上好学校而努力吧

第八单元

谁主沉浮

第一课 什么是最重要的

表达式

1. 练一练:用"之所以……,是因为……"完成对话

(1)我之所以放弃这个机会,是因为我要挣钱养家

(2)他之所以让我亲自给他送过去,是因为这个东西太重要了,绝对不能丢

(3)他之所以没有被录取,是因为他的分数没有优势,而且也没参加过什么课外实践

活动

2. 练一练:不改变句子原意,用"从而"进行改写

(1)我们要对教学方法进行改革,从而提高教学质量。

(2)他放弃了这次学习机会,从而可以留在国内继续照顾年迈的父母。

(3)她每天锻炼一个小时,只吃一顿饭,从而达到减肥的目的。

3. 练一练:不改变句子原意,用"好"进行改写

(1)你最好周五把计划书交给我,这样我周末好看看。

(2)你们快点儿确定好见面的时间和地点,我好打电话通知他。

(3)我今天早出发 20 分钟吧,好早点儿到单位。

4. 练一练:不改变句子原意,用"以致"进行改写

(1)一个大学生因为害怕被解雇以致自杀了。

(2)他整天上网玩儿游戏,上课没有精神,以致期中考试有好几科不及格。

(3)我国西南部发生了特大干旱,以致很多人的饮水都成了问题。

第二课　以退为进

表达式

1. 练一练：用"再三"完成对话

（1）我再三请求,他终于答应了

（2）再三嘱咐我别忘带这个别忘带那个

（3）虽然你再三提醒

2. 练一练：用一段话回答下列问题,并使用"就这样"

（1）我认识了一个从北京来的女孩儿,在一起的时候她经常教我普通话,后来学校有了普通话培训班,我就报名参加了。就这样,我正式开始学习普通话了。

（2）我家有四口人:爸爸、妈妈、哥哥和我。哥哥两年前认识了一个美丽的女孩儿,一年后他们就结婚了。就这样,我家变成了五口人了。

（3）在一次聚会上,他遇到了一个美丽的姑娘,他们聊得很投机,并互相留下了联系方式,就这样,他们从相识、相知到相爱,现在结了婚。

3. 练一练：用"既然如此"完成对话

（1）既然如此,那我们就改成后天见面得了

（2）既然如此,就干脆换个人来做,计划明天一定要交

（3）既然如此,就让他们一起负责吧

4. 练一练：用"与其……,不如……"完成对话

（1）与其把这项工作交给小王,不如交给小张,经验更重要啊

（2）与其你自己这么瞎想,不如直接给他打电话问问

（3）还真是,与其花这么多冤枉钱,不如去远一点儿的超市

第三课　招聘

表达式

1. 练一练：用"连"改写下面的句子

（1）你竟然连长城都没去过?

（2）你不来了,怎么连个电话都不打?

（3）你都学了半年了,怎么连"好"字都不会写?

2. 练一练：用"不是/没有……,而是……"完成对话

（1）这不是我女朋友而是我妹妹

（2）不是我而是小王

（3）我觉得最难的不是听力而是口语

3.练一练:用"举一个例子"造句

（1）很多国家的主食跟我们不一样,举一个例子吧,英国人认为土豆是主食,可我们觉得土豆是蔬菜。

（2）每天早上八点多都是最堵的时候,举一个例子,从我家到公司平时半个小时的路,要是早上八点出门,一个小时也到不了。

（3）对各国的学生来说,汉语的难点是不同的,举一个例子吧,对日本学生来说,最难的是发音,对欧美学生来说最难的就是汉字了。

综合练习

三、用指定词语完成对话

1.之所以发生交通事故,是因为第一辆车的司机喝酒了
既然如此,喝酒的司机得负全部责任了

2.与其去东北不如去南方,南方多暖和啊
我好安排一下

3.不是我而是王强告诉老师的
既然如此,我也没办法了,你得自己去李老师那儿解释了

4.连听都听不懂,更别提说了

复习二

综合练习

二、用指定词语完成对话

1.搞不好得做手术
说不定检查结果很好呢
未必是好结果啊

2.之所以送她去北京看病,是因为北京医疗条件好啊
没什么辛苦的,希望她能快点儿好起来

3.我们是同一个系的,经常在一起上课,最初我对他并没什么印象,后来渐渐熟悉了
别看我们平时来往不多,但内心里都把对方当成知己了,这大概就是所谓的君子之交吧

4.连忙把电脑给关了
叨唠个不停
别提多烦人了

5.一连碰上好几件破事儿
难怪你最近心情这么不好呢

第九单元

自强不息

第一课　霍金的故事

表达式

1. 练一练：根据所给情景用"起初……，后来……"造句

（1）起初只是有一些感冒的症状，流鼻涕、嗓子疼，但后来咳嗽了起来，并且咳嗽越来越厉害，常伴有胸闷、呼吸困难等症状，一查，竟然得了肺炎。

（2）起初他们只是互相有好感，后来随着接触越来越多，感情越来越深，最终结了婚。

（3）起初他只是对钢琴有点儿兴趣，后来越来越喜欢，并最终选定了弹钢琴作为自己毕生的事业。

2. 练一练：用"来源于"改写句子

（1）中国的经济增长主要来源于国有企业的贡献。

（2）他大学期间的生活费都来源于打工赚的钱。

（3）这些房屋出租信息来源于中介。

3. 练一练：用"也就是说"完成下列句子

（1）也就是说他受尼古丁的毒害已经很久了

（2）也就是说，你不让他看到好处，他是不会帮你的

（3）也就是说，这里只有夏天

第二课　默巴克的故事：一美分离亿万富翁有多远

表达式

1. 练一练：用"于是"完成句子

（1）于是我们把旅行计划推迟到了六月

（2）我于是就给办公室打了个电话，请了一天假

（3）于是我给办公室的小王打了个电话，让他帮我看看钥匙是不是落在办公室了

2. 练一练：根据括号中的词语提示，用"白（白）"完成句子

（1）这么多话我都白说了

（2）白打了

（3）又白去了

3. 练一练：用"adj. + 达"改写下面的句子

（1）今年的冬天长达五个月。

（2）据说将要建成的世界最高楼将高达 1100 米。

（3）这个箱子真够沉的，重达 50 公斤呢！

4. 练一练：用"纷纷"改写下面的句子

（1）突然下雨了，很多人都没带伞，大家纷纷跑到路边的商店里躲雨。

（2）最近房价上涨得太厉害了，据调查，人们纷纷放弃了短期内买房的打算。

（3）这位明星刚刚唱完一首歌，他的粉丝们就纷纷大声喊："再来一个！"

第三课 "苏东坡效应"向我们敲响了警钟

表达式

1. 练一练：用"以……为……"改写句子

（1）他以欺骗为荣，到处炫耀。

（2）大家都应该以浪费为耻。

（3）他以此为起点，经过艰苦的努力，最终取得了成功。

2. 练一练：根据所给的意思用"恰恰"造句

（1）我一直以为他只是个普通的同学，可在我遇到麻烦的时候，恰恰是他帮助了我。

（2）恰恰是这件小事能体现他的人品。

（3）恰恰是这句简单的话让他非常感动。

3. 练一练：用"明明"完成对话

（1）我明明放这儿了，怎么就不见了呢？

（2）明明不是我告诉他的，他这是胡说八道。

（3）我明明看到你和一个女孩子很亲热地在路上走，难道不是你女朋友吗？

4. 练一练：用"偏偏"改写句子

（1）她一点儿都不喜欢我，可我偏偏喜欢她。

（2）长篇小说看起来太浪费时间，但我偏偏喜欢看。

（3）他的专业是法律，可他偏偏对法律一点儿兴趣都没有。

综合练习

六、用所给词语完成对话

1. 别提了，他根本没来，我白白等了他一个下午

2. 错误就多达 60 处

3. 恰恰就是这个讨厌的人帮了我的忙

4. 偏偏她还不在家

5. 不可能,我昨天明明在电影院见到她了

6. 她每次都拒绝你? 这也就是说,她对你根本就没兴趣,她是在客气地拒绝你

第十单元

日新月异

第一课　磁悬浮:80年后环游地球

表达式

1. 练一练:用"说起"完成句子

（1）我就感觉到无比的温暖

（2）真是一言难尽

（3）我真是感激不尽

2. 练一练:用"莫过于"改写句子

（1）这次北京之行印象最深的莫过于鸟巢等奥运会体育场馆。

（2）最近大家谈论最多的莫过于房价了。

（3）作为学生,最头疼的莫过于考试了。

3. 练一练:用"则"完成句子

（1）则平时不努力,考试前紧张

（2）则选择了在家休息

（3）则太瘦

4. 练一练:用"这样一来"完成句子

（1）这样一来,剩下的时间就可以玩儿了

（2）这样一来,我们完成今年的任务绝对没问题了

（3）这样一来,我们照样可以"面对面"聊天儿

第二课 宇宙探索的下一站是哪里

表达式

1. 练一练：用"根本"完成对话

（1）我根本就不知道他到底怎么想的

（2）北京根本就不靠海

（3）根本就不认识他

2. 练一练：用"足以"改写句子

（1）一次考试的成绩不足以说明一个学生的能力。

（2）他每月的工资足以支付房子的租金和基本的生活费用。

（3）你这么说足以引起大家的好奇心，继续听你的演讲。

3. 练一练：用"有助于"完成对话

（1）看这些背景材料有助于理解整个课文的意思。

（2）练习多样化有助于学生对所学知识的掌握和巩固

（3）饭前吃水果有助于胃肠蠕动和营养的吸收

4. 练一练：用"到……为止"完成对话

（1）到现在为止已经有一百多人报名了

（2）到现在为止已经完成了百分之七八十

（3）到目前为止已经做完一半了

第三课 信用卡：一卡走天下

表达式

1. 练一练：用"（要）说起来"完成对话

（1）说起来我们还是十多年的同窗呢

（2）说起来杭州可是我的第二故乡

（3）要说起来，我最大的愿望就是去新疆走一走

2. 练一练：用"恐怕"完成对话

（1）天气预报说明天有雨，恐怕我们去不成了

（2）他最近太忙了，恐怕不会答应你

（3）你知足吧，再换个工作恐怕还不如这个呢

3. 练一练：按要求用"以……来说"造句

（1）很多男人在家也做家务啊，以我们家来说，每天洗碗就是我爸爸的活儿。

（2）每天锻炼身体对减肥最有好处了。以我来说,自从我开始锻炼身体,已经瘦了五六斤了。

（3）我觉得听新闻是提高听力水平的好方法,以我来说吧,我听了几个月的新闻,听力提高了很多呢。

4. 练一练: 用"说实在的"完成对话

（1）说实在的,我并不喜欢这种风格,我还是比较喜欢色彩鲜明的

（2）说实在的,他说的我并不赞成

（3）说实在的,我并不想去南方旅游,我想去东北

5. 练一练: 用"好在"完成句子

（1）好在仍然有一笔资金可以调配

（2）好在一年能回来一次

（3）好在后果并不太严重

综合练习

六、用所给表达式完成对话

1. 说起那个项目我就头疼,到现在还没有眉目

2. 这卡里有好几万呢,足以支付他的学费以及这学期的生活费

3. 恐怕你还是应该听医生的,你就别吃了

4. 到现在为止我还没收到

5. 这样一来我们就可以集中精力完成这个项目了

6. 好在我早有准备,提前了也能完成

第十一单元

人生百态

第一课 长寿秘诀

表达式

1. 练一练: 用"一是……,二是……"完成对话

（1）一是我没时间照顾孩子,二是爷爷奶奶家离小学比较近,很方便

（2）一是我从小对医学感兴趣,二是学医以后好找工作

（3）一是菜的味道不错,二是便宜

2. 练一练: 用"按"完成对话

（1）按课本上写的步骤一步一步地做就行

（2）按说明书上写的服用方法吃就行

（3）按你自己的意思做吧

3. 练一练: 用"由此可见"回答问题

（1）临床试验证明采用这种治疗方法以后病人的症状在短时间内便得到缓解,由此可见,这是一种有效的治疗方法。

（2）采用非保守治疗以后,病人很容易产生术后综合征等一系列问题,由此可见,保守治疗还是最稳妥的方式。

（3）很多病人食用甜食以后血糖迅速升高,加重了病情,由此可见,得了这个病不能吃甜食。

综合练习

七、选词填空

1. 半途而废　　2. 大吃一惊　　3. 欣喜若狂　　4. 无疾而终

第二课　故事二则

表达式

1. 练一练: 用"来得"改写句子

（1）我觉得用洗洁精洗比用水洗来得干净。

（2）我们两个人一起干吧,这样比你一个人干来得快。

（3）还是坐地铁去吧,这样比坐公共汽车来得方便。

2. 练一练: 用"再也 + 不 / 没……了"改写句子

（1）老师,我再也不迟到了。

（2）对不起,我以后再也不打骂你了。

（3）我以后再也不给你打电话了。

3. 练一练: 用"哪里"完成对话

（1）我哪里有他的手机号啊

（2）我哪里给你打过电话啊

（3）我哪里会做那个啊

4.练一练：用"一律"完成对话

（1）缺课三十节以上一律不能参加考试

（2）没带工作证一律不得入内

（3）文件要求所有药店一律停止销售这种药

5.练一练：根据所给情况用"果然"造句

（1）现在发短信果然比以前便宜了。

（2）这个号码的裤子我穿上果然正好。

（3）啊，还真让刘刚说着了,今天上课果然有考试

综合练习

五、选词填空

1. 一年到头　　2. 大刀阔斧　　3. 彬彬有礼　　4. 且慢　　5. 繁花似锦　　6. 按兵不动

第三课　话说礼仪

表达式

1.练一练：用"落忍"完成句子

（1）我心里怪不落忍的

（2）催他写计划书我也有点儿不落忍

（3）我又有些不落忍

2.练一练：下列情况用"看不过去"或"说不过去"怎么表示?

（1）我都点了半个小时了,菜还没来,太说不过去了吧。

（2）老人有些看不过去,把垃圾收拾起来扔到了垃圾箱里。

（3）老人倒在路边,竟没人去扶她,太说不过去了。

3.练一练：用"……不说,还/也……"改写句子

（1）你不运动不说,还吃那么多油腻的食物,能不胖吗?

（2）考试不及格,你不难过不说,还去网吧玩儿,太不像话了!

（3）阿迪力学习成绩好不说,运动成绩也很好。

4.练一练：用"招人+动词"改写句子

（1）从高层楼上往下扔东西的人特别招人恨。

（2）那些年轻力壮的人沿街乞讨并不招人同情。

（3）你总是表现出一副条件优越的样子,一定会招人嫉妒。

综合练习

七、用所给词语完成对话

　　1. 按老师的要求,最晚下周一交

　　　我哪里写得完,根本没有时间啊

　　2. 打车去吧,这样比坐公交车去来得快

　　3. 我们商店里的东西一律不退不换

　　　我们得按规定做

　　4. 他果然没有让老师们失望,这么年轻就成了大学教授

　　5. 由此可见,他的道歉是真诚的

　　6. 怕呀,可是看他这么可怜,不帮他心里也不落忍

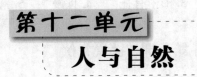

人与自然

第一课　今天你低碳了吗

表达式

2. 练一练:用"从……做起"修改下面的句子

　　（1）你应该从今天做起努力学习,一定要考上好大学。

　　（2）培养孩子的独立自理能力就应该从小做起。

　　（3）刚到一个单位肯定会让你从最低的职位做起,慢慢才能升职。

3. 练一练:用"拿……来说"完成句子

　　（1）拿小李来说吧,他坚持锻炼一个月,减了好几斤呢

　　（2）拿阿力肯来说吧,他就是用这个方法迅速提高了汉语听力水平

　　（3）拿新年那天来说吧,这么好的日子,我们吃个饭还能吵起来,这日子没法过了

第二课　有感于深圳"绿色行动日"

表达式

1. 练一练：根据所给要求,用"随后"造句

（1）中国国家主席胡锦涛今日抵达华盛顿开始对美国进行为期三天的访问,随后胡锦涛主席将赴墨西哥、加拿大等国进行友好访问。

（2）我已经把这件事儿通知了小李的领导,并随后通知了他本人。

（3）我们今日的游览行程是:早晨先去天安门、故宫参观,随后去颐和园。

2. 练一练：用"应当说"回答问题

（1）应当说,克里木是我们班最乐于助人的同学了。

（2）应当说,他的表现是非常好的。

（3）应当说,实验进展得很顺利,明天就可以知道结果了。

3. 练一练：用"否则"完成句子

（1）否则他很难相信

（2）否则不能参加期末考试

（3）否则病情有可能恶化

4. 练一练：用"总之"完成句子

（1）要多吃蔬菜少吃肉

（2）要积极地锻炼

（3）你带点儿礼物去就可以了

第三课　世界动物实力排名

表达式

1. 练一练：用"又名/俗称/又称"介绍你熟悉的三种动物或药品,等等

（1）乙酰水杨酸,又名阿司匹林,有解热镇痛抗风湿的作用。

（2）熊猫,又称猫熊,是我国特有的珍稀动物。

（3）氢氧化钠($NaOH$),俗称烧碱、火碱、苛性钠,常温下是一种白色晶体,具有强腐蚀性。

2. 练一练：用"基本上"完成对话

（1）基本上完成了,放心吧

（2）基本上没有问题了,注意饮食注意休息,很快就会痊愈

（3）基本上明白了,还有几个问题要跟你确认一下

219

3. 练一练：用"仅次于"完成对话

（1）中国仅次于美国,位列金牌榜第二位

（2）不过这次小明仅次于我,得了第二

（3）这个药的疗效仅次于那个价格特别高的进口药,但差别并不太大

综合练习

六、用指定词语完成对话

1. 应当说,你的学历、能力都有优势,但老李比你更有经验

2. 基本上没什么问题了

  得坚持锻炼,否则有可能会复发

  那我就从明天做起,每天锻炼一会儿

3. 我们先去了新疆,随后又去了甘肃

  拿新疆来说吧,我们欣赏了很多美丽的风光,还吃到了很多好吃的东西

  我觉得新疆仅次于青岛

4. 我最喜欢的动物,应当说是像老虎啊豹啊这样的大型动物,但家里养不了,所以我就养些小猫小狗什么的

复习三

综合练习

二、用指定词语完成句子

1. 那也就是说你们早就认识啦

2. 基本上完成了

  恐怕不行,我还想请张主任帮我修改一下

3. 放心吧,足以支付孩子一年的学费啦

  这样一来,每月还能多给孩子一点儿生活费

4. 付钱时却找不到钱包了,我明明记得我带钱包了啊

  你说巧不巧,我打车到单位的时候恰恰遇到小张,就跟他借钱付了打车费

5. 说实在的,以前吃了很多药都不管用,用了这个方法,效果确实不错

  好在这个方法对你确实有效,要不然厉害了,还得去医院看

6. 应当说我们不但是同学,还是室友呢

7. 拿空气污染来说吧,如果工厂太多,污染厉害,那我们每天呼吸的空气质量肯定受到影响,肯定会影响健康啊

8. 鉴于卓玛同志工作积极主动,全心全意为患者服务,深受广大病人的欢迎

第一单元

第一课　医学名人故事

阅读一　护理事业的先驱——南丁格尔

一、从 ABCD 四个选项中选出最接近画线词语的一种解释

1. B　　　　2. A　　　　3. A　　　　4. C　　　　5. D

二、根据课文内容选择正确答案

1. B　　　　2. D　　　　3. A　　　　4. B　　　　5. C

三、根据课文内容判断正误

1. ×　　　　2. ×　　　　3. √　　　　4. √　　　　5. ×

阅读二　神医华佗

一、为下列词语选择正确的解释

1. e　　　　2. d　　　　3. b　　　　4. a　　　　5. c

二、根据课文内容选择正确答案

1. D　　　　2. C　　　　3. A　　　　4. C　　　　5. A

三、根据课文内容回答问题

1. 答案要点:提高了外科手术的技术水平和疗效,并扩大了手术治疗的范围。
2. 答案要点:"五禽戏"就是摹仿虎、鹿、熊、猿、鸟五种动物动作姿态的保健体操。
3. 答案要点:进行体育锻炼,预防疾病。
4. 答案要点:想办法让太守愤怒。

第二课　做一名合格的医务工作者

阅读一　救灾前线日志

一、为下列词语选择正确的解释

1. b　　　　2. d　　　　3. e　　　　4. a　　　　5. c

二、根据课文内容选择正确答案

1. C　　　　2. B　　　　3. C　　　　4. B　　　　5. A

三、根据课文内容回答问题

1. 答案要点:因为他们是在地震灾区工作的。
2. 答案要点:余震威胁、医疗条件简陋。

阅读二　做一名真正的白衣天使

一、从 ABCD 四个选项中选出最接近画线词语的一种解释

1. C　　　　2. C　　　　3. B　　　　4. C　　　　5. A

二、根据课文内容选择正确答案

1. C　　　　2. A　　　　3. A　　　　4. B　　　　5. D

三、根据课文内容填空

1. 要有"四颗心"　　要有团队合作精神
2. 爱心　　细心
3. 能唤起病人治病的信心
4. 对护士发脾气
5. 要时刻面对病人

第二单元

第三课　走出亚健康

阅读一　健康和亚健康

一、根据课文内容判断正误

1. ×　　　　2. ×　　　　3. √　　　　4. √　　　　5. √

二、根据课文内容填空

1. 躯体　　心理
2. 慢性疲劳综合征　　第三状态
3. 功能紊乱多　　高负荷者多
4. 免疫功能低　　工作效率低
5. 个人生活方式　　不良生活事件

三、根据课文内容填表

引起亚健康的原因	表　现	解决方法
生活方式	吸烟、作息不规律、饮食不节、嗜酒、缺乏运动等	戒烟,适量喝酒,注意饮食和生活规律,坚持适度运动
工作因素	精神压力大、劳动过重、人际关系紧张、工作不顺利、待业、工作单调、工作中求胜心切等	适时调节工作节奏,避免劳动过重,培养对工作的兴趣,对失业有积极的看法,积极通过各种方式再就业
不良生活事件	突发性伤害或自然灾害、家庭负担过重、丧偶、失恋、家庭不和、离婚、婚外恋、考试落榜等	维持良好的家庭关系,正确认识和对待各种突发事件,必要时可咨询心理医生

阅读二　别拿亚健康不当回事

一、从 ABCD 四个选项中选出最接近画线词语的一种解释

1. C　　　　2. A　　　　3. B　　　　4. D　　　　5. D

二、根据课文内容选择正确答案

1. B　　　　2. A　　　　3. D　　　　4. D　　　　5. C

第四课　营造好心情

阅读一　学会放松

一、为下列词语选择正确的解释

1. c　　　　2. e　　　　3. a　　　　4. d　　　　5. b

二、根据课文内容选择正确答案

1. D　　　　2. A　　　　3. A　　　　4. C　　　　5. B

阅读二　走出抑郁

二、从 ABCD 四个选项中选出最接近画线词语的一种解释

1. C　　　　2. A　　　　3. D　　　　4. B　　　　5. D

二、根据课文内容判断正误

1. √　　　　2. ×　　　　3. ×　　　　4. √　　　　5. √

三、根据课文内容回答问题

1. 答案要点:(1)抑郁不仅仅是表面上愁眉苦脸,更是一种发自内心的、持续的不愉快的心境。(2)常人不高兴往往是因为某件事引起情绪反应,两者之间有因果关系;而抑郁则完全不同,抑郁情绪开始时可能无缘由,即便是事出有因,其相伴随的情绪状态也与事情本身极不相称,给人一种不至于如此的感觉。

2. 答案要点:初期接受药物治疗,待情绪稳定一些后,还要进行一个阶段的心理治疗。

综合练习

讨论并填表:和你的同学讨论一下,看看表中所列属于积极情绪还是消极情绪,并在相应的表格中打上"√"。

	积极情绪	消极情绪
希望	√	
嫉妒		√
焦虑		√
信心	√	
恐惧		√
报复		√
乐观	√	
仇恨		√
忠诚	√	
愤怒		√
同情	√	
爱	√	

第三单元

第五课　我们缺了哪些营养素

阅读一　被遗忘的营养素——水

一、根据课文内容选择正确答案

1. B　　　2. D　　　3. D　　　4. C　　　5. C

二、根据课文内容判断正误

1. ×　　　2. √　　　3. ×　　　4. ×　　　5. √

三、根据课文内容回答问题

1. 答案要点:(1)水是最基本、最重要的营养素。(2)水在人体代谢过程中起着重要作用。(3)水能维持人体生命。

2. 答案要点:饮用过多酸性饮料,必然会使肌体血液呈酸性,不利于血液循环,肌肉内乳酸堆积多,容易产生疲劳,进而导致肌体免疫力下降,易患感冒、龋齿、牙周炎等多种疾病。酸性食物摄入过多,还会使胃酸增加,过多的胃酸是造成目前儿童胃病和胃溃疡增多的主要原因之一。

阅读二　谁偷走了你的维生素

一、为下列词语选择正确的解释

1. d　　　2. e　　　3. b　　　4. c　　　5. a

二、根据课文内容判断正误

1. √　　　2. √　　　3. ×　　　4. ×　　　5. √

三、根据课文内容填表

"窃贼"	偷走何种维生素	原　因	食补方案
电脑	维生素 A	维生素 A 与视网膜感光直接相关	动物肝脏、瘦肉、鸡蛋、胡萝卜、菠菜、韭菜、油菜等黄色、绿色的蔬菜
酒精	维生素 B_1	酒精要在体内正常代谢,必须要有足量的维生素 B_1 参与	新鲜蔬菜、鲜鱼、瘦肉、豆类、蛋类、水果

续表

香烟	维生素 C	烟雾中的焦油等有害成分会大量损耗维生素 C	动物肝脏、海藻、虾类、牛奶、胡萝卜、花生、玉米面、豆芽、白菜、植物油等
运动	维生素 E	运动导致体内自由基增多，必须消耗维生素 E 来修复多出来的自由基	

第六课　合理膳食

阅读一　科学食荤　有益健康

一、根据课文内容判断正误

1. ×　　　　2. √　　　　　　3. √　　　　　4. √　　　　　5. ×

二、根据课文内容填空

1. 寿命　　　2. 高血脂　　　3. 饮食搭配　　4. 烹调方法　　5. 蛋白质

三、根据课文内容回答问题

1. 答案要点：过多食肉容易得心脑血管疾病等，诱发高血压、高血脂、高血糖。

2. 答案要点：（1）烹调方法得当，（2）食入量适当，（3）配以新鲜蔬菜和富含维生素类的食物。

阅读二　控制高血压，从限盐开始

一、为下列词语选择正确的解释

1. b　　　　2. e　　　　　　3. d　　　　　4. c　　　　　5. a

二、根据课文内容选择正确答案

1. A　　　　2. D　　　　　　3. B　　　　　4. C　　　　　5. D

三、根据课文内容回答问题

1. 答案要点：如果从儿童期起就摄入高盐食物，他的味蕾也将对高盐膳食形成习惯，导致其成年后继续偏爱高盐膳食。

2. 答案要点："低钠盐"以氯化钾等代替一部分氯化钠，也可调味，利于高血压病人应用。

第四单元

第七课 矿物质总动员

阅读一 吃进钙,更要留住钙

一、根据课文内容选择正确答案

1. A　　　2. C　　　3. A　　　4. C　　　5. B

二、根据课文内容填空

1. 磷　　　2. 两　　　3. 2:1　　　4. 降低　　　5. 醋

阅读二 天天好"锌"情

一、根据课文内容选择正确答案

1. D　　　2. B　　　3. C　　　4. A　　　5. D

二、根据课文内容判断正误

1. √　　　2. ×　　　3. √　　　4. ×　　　5. ×

三、根据课文内容回答问题

1. 答案要点:(1)加速肌体衰老。(2)导致免疫功能下降。(3)性功能减退。(4)味觉迟钝、食欲不振。

2. 答案要点:多吃牡蛎、鸡蛋黄、牛肉、鸡肝等含锌丰富的食物。

第八课 人体第七营养素——膳食纤维

阅读一 认识膳食纤维

一、根据课文内容判断正误

1. ×　　　2. √　　　3. ×　　　4. ×　　　5. ×

二、根据课文内容填表

膳食纤维的作用	膳食纤维过量的危害
保持"方便"	
"瘦身"高手	
胆结石"克星"	引起腹胀、消化不良,影响肌体对钙、镁、锌等营养素的吸收利用,造成这些营养素的缺乏,危害健康。
平稳血糖	
提高免疫力	
降"癌"	

<h2 style="text-align:center">阅读二　膳食纤维的 N 个谣言</h2>

一、为下列词语选择正确的解释

1. e　　　2. a　　　3. d　　　4. b　　　5. c

二、根据课文内容选择正确答案

1. C　　　2. A　　　3. D　　　4. B　　　5. B

三、根据课文内容填表

关于膳食纤维的五个谣言	破解谣言的根据
只有蔬菜的筋里面才有纤维	蔬菜筋并非蔬菜中纤维的唯一来源
把菜切碎,就会失去纤维的健康作用	菜的筋是否切碎,和它的健康作用之间毫无关系;蔬菜中的纤维细小一些对于部分人反而是有利的
纤维素会因为加热而被破坏	纤维素的化学性质非常稳定,加热到 100 摄氏度根本不可能让它破坏、分解
纤维肯定有减肥作用	研究数据表明,纤维片并不能起到减肥的作用
吃纤维保健品就能减少患肠癌危险	没有可靠证据证明,吃提取出来的纤维保健品可以达到这样的好处;研究表明,吃麦麸提取物预防肠癌效果并不好

<h2 style="text-align:center">综合练习</h2>

讨论并回答问题

1. 答案要点:膳食纤维指的是那些不能被消化、吸收的食物残渣。富含膳食纤维的食物有韭菜、芹菜、茭白、南瓜、苦瓜、红豆、空心菜、黄豆、绿豆等。

2. 答案要点：七大营养素指的是蛋白质、脂类、碳水化合物(糖类)、水、无机盐、维生素、膳食纤维。

第五单元

第九课　细节决定健康

阅读一　你的生活习惯健康吗

一、根据课文内容判断正误

1. ×　　　　2. √　　　　3. ×　　　　4. ×　　　　5. ×

二、根据课文内容填表

不良的生活习惯	可能引起的危害
饿了才吃	胃炎或消化性溃疡
渴了才喝	便秘、尿路结石
累了才歇	积劳成疾,免疫力降低
困了才睡	失眠、睡眠中枢生物钟不正常
急了才排	"自身中毒",也可能患肾水肿或肾炎,甚至导致膀胱纤维化
胖了才减	易患高血压、糖尿病
病了才治	危害健康或生命

阅读二　健康睡眠

一、为下列词语选择正确的解释

1. e　　　　2. d　　　　3. a　　　　4. b　　　　5. c

二、根据课文内容选择正确答案

1. C　　　　2. B　　　　3. D　　　　4. B　　　　5. D

三、根据课文内容填表

	造成失眠的原因
1	精神因素,如焦虑、抑郁、恐惧等情绪
2	体质虚弱、营养失衡
3	躯体疾病,如疼痛性疾病、心肺功能不全、消化道疾病等
4	不良的生活习惯和睡眠环境因素

第十课　谁让他们生病了

阅读一　不拉肚子的痢疾

一、为下列词语选择正确的解释

1. d　　2. e　　3. b　　4. c　　5. a

二、根据课文内容选择正确答案

1. C　　2. D　　3. A　　4. D　　5. A

三、根据课文内容回答问题

1. 答案要点:一般发病很急,常有发热、腹痛等症状,大便次数较多,每日可达30余次。严重者可出现脱肛,同时还伴有恶心、呕吐、食欲减退、全身乏力等症状。

2. 答案要点:其主要特点是没有腹泻。病情发展迅速,突然高热,体温可达40摄氏度以上,并很快出现神志模糊、说胡话和抽风等现象,不久就进入休克状态。

3. 答案要点:要注意饮食卫生,不吃腐烂变质及被苍蝇、蟑螂污染的食物,不吃未洗净的瓜果。坚持做到饭前便后洗手,不随地大小便。同时要保持清洁卫生,大力灭蝇。

阅读二　小心宠物病

一、从 ABCD 四个选项中选出最接近画线词语的一种解释

1. D　　2. B　　3. D　　4. B　　5. C

二、根据课文内容判断正误

1. ×　　2. √　　3. ×　　4. ×　　5. √

三、根据课文内容回答问题

1. 答案要点:因为贝贝把病菌传染给了雪雪。

2. 答案要点:因为它们本身就是诸多病原体的携带者,可以通过空气、唾液、排泄物等方式传播。

3. 答案要点:(1)优选宠物品种,宠物带回家前最好先送宠物医院检查,以求安全。(2)做好宠物的日常管理,定期给宠物体检、打疫苗,保持宠物卫生。(3)教给孩子与宠物接触的正确方法,督促孩子与宠物保持一定距离,不准孩子用嘴给宠物喂食或亲昵。提醒孩子逗狗玩猫要适度,避免被其抓伤、咬伤、舔伤。(4)孩子一旦被宠物伤害,要及时正确处理伤口。

第六单元

第十一课　运动职业病

阅读一　小心肌肉拉伤

一、为下列词语选择正确的解释

1. c 　　2. e 　　3. d 　　4. b 　　5. a

二、根据课文内容选择正确答案

1. C 　　2. A 　　3. C 　　4. B 　　5. A

三、根据课文内容填空

1. 止血　　防肿

2. 减少局部充血、水肿

3. 不要引起伤处疼痛

4. 适度适量

阅读二　解读抽筋

一、为下列词语选择正确的解释

1. b 　　2. e 　　3. d 　　4. c 　　5. a

二、根据课文内容判断正误

1. √ 　　2. √ 　　3. × 　　4. × 　　5. ×

三、根据课文内容填表

	引起抽筋的原因
1	寒冷刺激
2	肌肉连续收缩过快
3	出汗过多
4	疲劳过度
5	缺钙

第十二课　让我们动起来

阅读一　我运动,我健康

一、为下列词语选择正确的解释

　　1. c　　　2. d　　　3. e　　　4. b　　　5. a

二、根据课文内容判断正误

　　1. ×　　　2. ×　　　3. √　　　4. ×　　　5. ×

三、根据课文内容回答问题

　　1. 答案要点:为了健身。
　　2. 答案要点:咳嗽明显减轻了,饭量也增加了,气色越来越好,病也基本痊愈了。

阅读二　选择适合自己的运动方式

一、从 ABCD 四个选项中选出最接近画线词语的一种解释

　　1. C　　　2. B　　　3. A　　　4. C　　　5. B

二、根据课文内容判断正误

　　1. ×　　　2. ×　　　3. √　　　4. ×　　　5. √

三、根据课文内容填空

　　1. 因体形而异　　　因"时"而异
　　2. 跳绳
　　3. 游泳
　　4. 跑步　　　俯卧抬头

第七单元

第十三课　了解肝脏

阅读一　甲肝是吃出来的

一、从 ABCD 四个选项中选出最接近画线词语的一种解释

　　1. B　　　　2. A　　　　3. C　　　　4. C　　　　5. B

二、根据课文内容判断正误

　　1. ×　　　　2. ×　　　　3. √　　　　4. ×　　　　5. √

三、根据课文内容填空

　　1. 5　　　儿童和青少年
　　2. 预后良好
　　3. 胃肠道
　　4. 戊型肝炎
　　5. 血清转氨酶　　　血清甲肝 IgM 抗体

阅读二　了解肝癌　远离肝癌

一、为下列词语选择正确的解释

　　1. e　　　　2. a　　　　3. d　　　　4. c　　　　5. b

二、根据课文内容选择正确答案

　　1. C　　　　2. A　　　　3. B　　　　4. D　　　　5. B

三、根据课文内容回答问题

　　1. 答案要点：主要与乙型肝炎病毒、丙型肝炎病毒、黄曲霉素、饮水污染、某些微量元素缺乏、遗传因素和嗜酒等因素有关。
　　2. 答案要点：（1）预防肝炎。（2）讲究卫生。（3）不吃发霉、糊了的食物。（4）饮水安全。（5）适当补硒。（6）戒烟戒酒。（7）保肝护肝。

第十四课　认识胆结石

阅读一　胆结石的自白

一、根据课文内容选择正确答案

　　1. A　　　　2. D　　　　3. B　　　　4. A　　　　5. C

二、根据课文内容填表

"我"	胆结石
母亲的子宫	胆囊
"白衣战士"	医生
"洪水"	胆汁
"主人"	胆结石患者
"银行"	胆管

三、根据课文内容回答问题

1. 答案要点：一个人若胆汁中有机成分代谢紊乱，胆汁分泌失常，特别是胆酸、磷脂减少或胆固醇增多时，胆固醇就从过饱和的胆汁中结晶、沉淀。这个结晶沉淀物就是胆结石。

2. 答案要点：急性化脓性胆囊炎、急性坏死性胆囊炎、胆囊胆管漏、化脓性胆管炎、胆汁性腹膜炎、胆囊癌。

阅读二　莫错把胆疾当胃病

一、为下列词语选择正确的解释

1. d   2. c   3. b   4. e   5. a

二、根据课文内容判断正误

1. √   2. √   3. ×   4. √   5. √

三、根据课文内容填空

1. 抑酸　　解痉

2. 右上腹　　饱胀

3. 饮食不规律　　经常不吃早餐

4. 急性胰腺炎

5. 饮食习惯不合理

第八单元

第十五课 认识我们的发音器官

阅读一 话音从哪儿来

一、从 ABCD 四个选项中选出最接近画线词语的一种解释

1. A　　2. C　　3. B　　4. D　　5. A

二、根据课文内容判断正误

1. √　　2. ×　　3. ×　　4. √　　5. ×

三、根据课文内容填空

1. 声门　　2. 肺　　3. 声带　　4. 口腔、鼻腔

阅读二 咽喉炎为何"偏爱"白领

一、为下列词语选择正确的解释

1. b　　2. a　　3. e　　4. d　　5. c

二、根据课文内容填空

1. 急性咽喉炎　慢性咽喉炎　2. 一　　3. 病毒细菌　　4. 白领　　5. 中成药

三、根据课文内容回答问题

1. 答案要点:(1)办公室内外温差大,室内空气质量差,容易诱发咽喉炎。(2)工作压力大、长期精神紧张,导致免疫力降低,咽喉炎乘虚而入。(3)应酬多,夜生活丰富,也会导致咽部感染咽喉炎。(4)忽视早期症状,"小病"酿成"大祸"。

2. 答案要点:经常开窗通风,保持空气流通,是防治慢性咽炎的有效措施。此外,在饮食上也应该多加注意。还应该少抽烟,少喝酒。

3. 答案要点:中成药在清热、缓解咽喉痒痛方面作用较好,适用于治疗慢性咽喉炎;西药抗菌性强,起效快,对由病毒或细菌引起的急性咽喉炎更为适用。

第十六课 健康呼吸

阅读一 远离"慢阻肺"

一、为下列词语选择正确的解释

1. d　　2. e　　3. b　　4. c　　5. a

二、根据课文内容选择正确答案

1. D　　　　2. B　　　　3. C　　　　4. A　　　　5. B

三、根据课文内容回答问题

1. 答案要点:(1)慢阻肺患者的气流受阻情况大多呈进行性发展,基本上无法消除,而哮喘的气流受阻情况大多是可逆的,经治疗后可以得到缓解。(2)慢阻肺大多由吸烟、大气污染和反复感染引起,而哮喘则为变态反应引起的气道慢性炎症。

2. 答案要点:除了戒烟和改善环境污染以及防治呼吸道感染外,支气管舒张剂是慢阻肺的主要治疗手段,急性期使用可缓解症状,在疾病缓解期仍需坚持使用,才能预防其复发和长期减轻症状,改善生活质量。

阅读二　煤气中毒"后劲"大

一、从 ABCD 四个选项中选出最接近画线词语的一种解释

1. B　　　　2. C　　　　3. A　　　　4. C　　　　5. A

二、根据课文内容判断正误

1. ×　　　　2. ×　　　　3. ×　　　　4. √　　　　5. √

三、根据课文内容填空

1. 氧气　　　2. 恶心　　　3. 高压氧　　4. 从事脑力劳动

第九单元

第十七课　血液的成分

阅读一　红细胞和白细胞

一、从 ABCD 四个选项中选出最接近画线词语的一种解释

1. C　　　　2. B　　　　3. A　　　　4. B　　　　5. D

二、根据课文内容选择正确答案

1. B　　　　2. C　　　　3. D　　　　4. A　　　　5. D

三、根据课文内容填表

名　称	功　能
嗜中性粒细胞	杀死细菌
嗜酸性粒细胞	保护身体
嗜碱性粒细胞	防止寄生虫和真菌等引起的感染
单核细胞	反抗细菌、病毒等并通知淋巴细胞
淋巴细胞	生成抗体

白细胞

阅读二　血小板和血浆

一、为下列词语选择正确的解释

1. d　　　2. e　　　3. a　　　4. b　　　5. c

二、根据课文内容选择正确答案

1. D　　　2. A　　　3. B　　　4. D　　　5. C

三、根据课文内容判断正误

1. ×　　　2. √　　　3. √　　　4. √　　　5. √

综合练习

一、根据本课内容完成下表

血液的各种成分	功　能
红细胞	运输氧
白细胞	免疫(保护身体免受侵入体内的病毒和细菌等的侵蚀)
血小板	止血和凝血
血浆	运载血细胞,运输维持人体生命活动所需的物质和体内产生的废物等

第十八课　血液的秘密

阅读一　血常规报告,你能看懂吗

一、根据课文内容判断正误

1. √　　2. ×　　3. ×　　4. √　　5. ×

二、根据课文内容填表

项　　目	正常数值	检查结果	相关疾病
正常成年男性血红蛋白浓度	120~160 克/升	红细胞减少	贫血
正常成年女性血红蛋白浓度	110~150 克/升		
正常人外周血白细胞总数	$(4.0 \sim 10.0) \times 10^9$ /升	外周血白细胞数低于 4×10^9 /升	白细胞减少症
		中性粒细胞数低于 0.5×10^9 /升	粒细胞缺乏症
外周血中血小板的正常值	$(100 \sim 300) \times 10^9$ /升	血小板减少	再生障碍性贫血、急性白血病、放射性损伤、肝硬化、脾肿大等,最常见的是原发性血小板减少性紫癜
		血小板增多	原发性血小板增多症
外周血网织红细胞正常值	0.5%~1.5%	网织红细胞增多	溶血性贫血、急性失血
		网织红细胞减少	再生障碍性贫血、白血病

三、根据课文内容回答问题

1. 答案要点:(1)红细胞平均体积(MCV)。(2)红细胞平均血红蛋白含量(MCH)。(3)红细胞平均血红蛋白浓度(MCHC)。

2. 答案要点:可依据红细胞平均值对贫血进行形态学分类:(1)红细胞平均体积数值增高见于巨幼细胞性贫血,数值减低见于缺铁性贫血、地中海贫血、铁粒幼细胞性贫血。(2)红细胞平均血红蛋白含量数值减低见于缺铁性贫血、地中海贫血、铁粒幼细胞性贫血。(3)红细胞平均血红蛋白浓度数值减低见于缺铁性贫血、地中海贫血。

阅读二　预防非健康血液

一、根据课文内容判断正误

1. ×　　2. √　　3. √　　4. ×　　5. √

二、根据课文内容填表

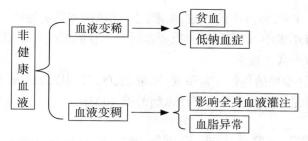

三、根据课文内容回答问题

1. 答案要点：合理膳食是预防贫血最基本、简单的方法。（1）多食用含蛋白质丰富的食物。（2）尽量控制脂肪的摄入量。（3）多吃动物肝脏、瘦肉、绿叶蔬菜以补充 B 族维生素（维生素 B_{12}、叶酸）。（4）食用含铁丰富的食物，可预防缺铁性贫血。（5）富含维生素 C 的蔬菜可以增加人体对铁质的吸收。

2. 答案要点：预防血液"变稠"应该从改变我们的生活方式入手。（1）要保证充足的水分供应。（2）要适当运动。（3）要保持一颗平常心。（4）注意饮食。（5）应养成有规律的生活习惯。

第十单元

第十九课　尿液学问大

阅读一　从尿液知肾脏

一、从 ABCD 四个选项中选出最接近画线词语的一种解释

1. C　　　2. D　　　3. A　　　4. C　　　5. D

二、根据课文内容填表

尿量异常的表现	判断标准	原因（请列两个）
少尿或无尿	少尿：每昼夜的尿量不足 400 毫升者 无尿：每昼夜的尿量少于 50~100 毫升者	1. 肾前性急性肾衰 2. 肾性急性肾衰 3. 肾后性急性肾衰
多尿	指每昼夜的尿量大于 3000 毫升者	1. 强迫性饮水后 2. 中枢性尿崩症 3. 肾性尿崩症 4. 糖尿病
夜尿增多	晚上 6 点至次晨 6 点的总尿量多于白天的尿量	1. 慢性肾功能受损 2. 入夜后大量饮水

三、根据课文内容回答问题

1. 答案要点：血液流经肾小球时，血液中的尿酸、尿素、水、无机盐和葡萄糖等物质通过肾小球的过滤作用，过滤到肾小囊中，形成原尿。原尿经过肾小管的重吸收作用，剩下的水和无机盐、尿素和尿酸等就形成了尿液。

2. 答案要点：尿常规检查在体检中的地位非常重要，尿量、颜色、外观以及排尿过程中伴随的症状，是医生判断受检者是否患病以及患了什么病的重要依据。

阅读二 "察颜观尿"知健康

一、从 ABCD 四个选项中选出最接近画线词语的一种解释

1. B   2. A   3. C   4. D   5. C

二、根据课文内容判断正误

1. ×   2. ×   3. √   4. √   5. ×

三、根据课文内容填表

尿液异常颜色		可能罹患的疾病（列两种）
红色尿	血尿	肾炎、肾结核、急性膀胱炎、尿道炎、白血病、猩红热
	血红蛋白尿	疟疾、蚕豆病、不合血型的输血、溶血性贫血、阵发性血红蛋白尿
乳白色尿		先天淋巴管瓣膜功能异常、丝虫病、泌尿系统泌脓性感染
棕褐色尿		严重烧伤、溶血性贫血、输错血型、急性肾炎、急性黄疸型肝炎
白色黏液状尿		前列腺炎、非淋菌性尿道炎、淋病
绿色尿		大量服用消炎药、尿里有绿脓杆菌滋生
黄褐色尿		阻塞性黄疸、肝硬化、甲型肝炎、砷中毒、氯仿中毒
黑褐色尿		酚中毒、恶性黑色素瘤

第二十课 泌尿系统的难言之隐

阅读一 小石头常"惹"大麻烦

一、为下列词语选择正确的解释

1. c   2. a   3. e   4. d   5. b

二、根据课文内容选择正确答案

1. C   2. D   3. D   4. A   5. B

三、根据课文内容填空

1. 上升　　2. 骨质疏松　　3. 遗传　　营养不良

4. 微创取石手术　　5. 双肾

阅读二　让女人心烦的尿路感染

一、为下列词语选择正确的解释

1. e　　　　2. c　　　　3. d　　　　4. a　　　　5. b

二、根据课文内容判断正误

1. √　　　　2. ×　　　　3. ×　　　　4. ×　　　　5. √

三、根据课文内容回答问题

1. 答案要点:(1)急性膀胱炎。起病急,尿频和尿急非常明显,每小时排尿 1～2 次,甚至 6 次以上,排尿时尿道有灼烧感,每次排尿量不多。排尿终末可有下腹部疼痛,有时见到血尿。常无明显的全身感染症状,但极少数患者会出现腰痛和低热。(2)急性肾盂肾炎。局部症状肾盂肾炎多伴有膀胱炎,故患者出现尿频、尿急、尿痛等膀胱刺激症状,偶有血尿。全身症状有畏寒、发热,体温在 38℃～40℃之间,全身乏力,食欲减退,偶有恶心、呕吐、腹胀及剧烈腹痛,易误诊为急性胆囊炎或急性阑尾炎。

2. 答案要点:(1)养成多喝水的习惯。(2)坚持体育锻炼。(3)合理饮食。(4)要选择透气性好、吸湿性强的纯棉内裤,做到每天更换。(5)有宫颈炎、滴虫性阴道炎、霉菌性阴道炎等妇科疾患的人要积极治疗原发病,同时还要积极治疗可以诱发尿路感染的一些慢性疾病,如糖尿病等。(6)女性平日要加强会阴部的卫生保健,定期清洗。

第一单元

我的神经，我做不了主
——神经系统问题

第一课　痛要大声说出来

阅读一　拿什么拯救你，我的三叉神经痛

一、根据课文内容，判断正误

1. ×　　2. √　　3. ×　　4. ×　　5. ×

二、根据课文内容，选择正确答案

1. C　　2. B　　3. D　　4. B　　5. B

三、根据课文内容填空

磷脂　　胆固醇　　糖脂　　碳水化合物　　能量　　神经功能　　碳水化合物
三叉神经痛　　忌糖　　维生素 B_1　　维生素 B_1　　三叉神经痛

阅读二　痛并快乐的孕期

一、根据课文内容，判断正误

1. √　　2. ×　　3. √　　4. ×　　5. √

二、根据课文内容，选择正确答案

1. D　　2. D　　3. C　　4. B　　5. B

三、根据课文内容排列顺序

B D A C F E

综合练习

一、根据本课两篇课文的内容，完成下表

	三叉神经痛	孕期坐骨神经痛
病因	精神压力大，节食减肥导致碳水化合物摄入不足，糖脂缺少，维生素 B_1 缺乏，食物刺激等。	孕妇体内的耻骨松弛激素使骨盆及相关关节、韧带放松，孕妇腰部稳定性减弱；宝宝的发育加重了孕妇腰椎负担；腰椎间盘突出。
症状	面部三叉神经分布区短暂的反复发作性剧烈痛。	臀部、背部及大腿等感到刺痛。
疗法	精神放松，调整生活习惯，接受规范的中西医治疗。	局部热敷，温水泡澡，按摩，医院就医。
日常注意事项	不吃刺激性食物，不盲目节食减肥，不要着凉。	坐卧站立的时间不要太长，坐时要调整好椅子高度，腰背部或颈后放个靠垫。

二、根据本课两篇课文的内容，回答下面的问题

1. 答案要点：吹冷风，凉水洗脸，吃冷饮，吃刺激性食物等。

2. 答案要点：节食减肥导致碳水化和物摄入不足，体内缺少糖脂，从而加重三叉神经痛。

3. 答案要点：少食刺激性食物，如腌菜、咸菜、海产品、咖啡、橘子、西红柿等。

4. 答案要点：耻骨松弛激素使骨盆以及相关的关节和韧带放松，孕妇腰部稳定性减弱；宝宝发育很快，加重了孕妇的腰椎负担；腰椎间盘突出压迫坐骨神经等。

5. 答案要点：不能用 X 光；不用常规的戴腰围的治疗方法；尽量不用药。

第二课　谜一样的病症

阅读一　瘫痪之谜

一、根据课文内容，判断正误

1. ×　　　2. ×　　　3. √　　　4. ×　　　5. √

二、根据课文内容，选择正确答案

1. D　　　2. A　　　3. D　　　4. B　　　5. D

三、根据课文内容填空

1. 多发性神经根炎　　急性感染性多发性神经根炎　　脊神经根　　脊神经　　颅神经　　脊膜　　脊髓　　脑

2. 运动神经元性　　下肢　　上肢　　躯干　　松弛性　　对称性

3. 肌肉　　　生命重要器官　　　并发症

阅读二　神经衰弱之谜

一、根据课文内容,判断正误

1. √　　　2. √　　　3. ×　　　4. ×　　　5. ×

二、根据课文内容,选择正确答案

1. B　　　2. C　　　3. A　　　4. B　　　5. D

三、为下列词语选择正确的解释

1. C　　　2. E　　　3. F　　　4. H　　　5. G
6. A　　　7. B　　　8. D

综合练习

一、根据本课两篇课文的内容,完成下表

	格林巴利综合征	神经衰弱症
病因	脊神经根和脊神经病变引起	大脑兴奋与抑制功能失调而产生的神经功能性障碍
症状	肢体运动神经元性瘫痪	衰弱症状、兴奋症状、睡眠障碍、躯体症状和继发性焦虑
疗法	大量服用激素	家庭自我治疗措施为主

二、根据本课两篇课文的内容,回答下面的问题

1. 答案要点:四肢无力;神经系统紊乱。

2. 答案要点:发病前有上呼吸道或胃肠道感染症状;发病后肢体运动神经元性瘫痪,除了控制肌肉的神经失常以外,控制生命重要器官的神经功能也会失常。

3. 答案要点:抗感染治疗;血浆取出疗法;静脉注射免疫球蛋白;激素治疗等。

4. 答案要点:没有压力,彻底放松。

5. 答案要点:衰弱症状、兴奋症状、睡眠障碍、躯体症状、继发性焦虑。

相关医学知识回顾

根据学过的有关神经系统的医学知识,完成下面的图表。

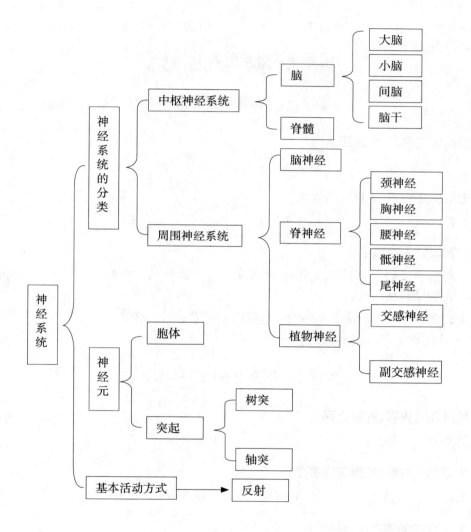

第二单元

向左走，向右走
——内分泌系统异常

第三课　忽左忽右之甲状腺

阅读一　都是地震惹的祸

一、根据课文内容，判断正误

1. √　　　2. ×　　　3. √　　　4. ×　　　5. √

二、根据课文内容，选择正确答案

1. C　　　2. C　　　3. B　　　4. B　　　5. C

三、根据课文内容填空

1. 低烧　　37　　下学、写作业、做家务　　发脾气　　哭闹　　一点儿小事儿　跟同学吵架

2. 过多　　的内分泌　　消瘦　　多汗　　症状　　就诊　　意见　　抗甲状腺　坚持服药　　可以治愈

阅读二　不容忽视的手脚冰凉

一、根据课文内容，判断正误

1. √　　　2. ×　　　3. √　　　4. ×　　　5. ×

二、根据课文内容，选择正确答案

1. C　　　2. D　　　3. D　　　4. C　　　5. C

三、为下列词语选择正确的解释

1. C　　　2. D　　　3. A　　　4. E　　　5. B

综合练习

一、根据本课两篇课文的内容,完成下表

	甲状腺机能亢进症	甲状腺机能减退症
症状	低烧、爱哭闹、爱发脾气、多食、消瘦、怕热、多汗、心悸、易激动。	畏寒怕风、手脚发凉、疲劳嗜睡、皮肤干燥少汗、记忆力减退、毛发干枯稀疏、轻度贫血、颜面苍白蜡黄、面部浮肿、目光呆滞、眼睑松肿、表情淡漠、少言寡语。
病因	甲状腺激素分泌过多。	甲状腺激素分泌不足。
疗法	药物治疗同时辅以心理疏导,合理安排饮食,充分休息,适当进行体育锻炼或体力劳动。	按时服药,平衡饮食,多吃含维生素、高蛋白、高热量及含碘丰富的食品,适当增加体育锻炼。

二、根据本课两篇课文的内容,回答下面的问题

1. 答案要点:两种(甲亢和甲减)。
2. 答案要点:精神刺激(地震带来的毁灭性打击)。
3. 答案要点:小时候甲状腺炎治疗不力。
4. 答案要点:药物治疗,心理治疗,合理安排饮食,充分休息,适当锻炼。
5. 答案要点:药物治疗,平衡饮食,多食高蛋白、高热量及含碘多的食物,多锻炼。

第四课   忽左忽右之脑垂体

阅读一   世界最矮男人——何平平

一、根据课文内容,判断正误

1. ×   2. ×   3. ×   4. √   5. ×

二、根据课文内容,选择正确答案

1. C   2. D   3. D   4. A   5. B

三、根据课文内容填空

1. 病因   原发   继发   继发性   肿瘤   感染   血管病变   外伤
2. 男孩儿   幼儿期   1.3米   智力   匀称   稍大而圆   少而质软   细而滑腻   幼稚   较窄   较小   性腺

阅读二 "姚明二世" ——孙明明

一、根据课文内容,判断正误

    1. ×   2. √   3. √   4. ×   5. ×

二、根据课文内容,选择正确答案

    1. C   2. A   3. B   4. D   5. C

三、根据课文内容排列顺序

    E A D B C F

综合练习

一、根据本课两篇课文的内容,完成下表

	矮小症	巨人症
症状	身材矮小;头稍大而圆,毛发少而质软,皮肤细而滑腻,面容幼稚,胸部较窄,手足较小;性腺发育不全,第二性征缺乏。	身材高大,食欲强,肌肉发达,并具有一些肢端肥大症患者的症状。成年后出现精神不振、身体乏力、背佝偻和反应迟钝等症状。
病因	原发性侏儒:先天垂体前叶功能减退,生长激素分泌不足。 继发性侏儒:垂体周围组织的各种病变引起,得病后生长发育开始减慢。	脑垂体出现肿瘤的时候,造成生长素分泌过量。
疗法	对原发性垂体性侏儒症患者,激素治疗比较有效。继发性垂体性侏儒症需进行病因治疗,颅内肿瘤患者应尽早手术。	手术切除肿瘤。

二、根据本课两篇课文的内容,回答下面的问题

    1. 答案要点:智力发育正常,身体各部分比例较匀称。头稍大而圆,毛发少而质软,皮肤细而滑腻,面容幼稚,胸部较窄,手足较小。性腺发育不全,第二性征缺乏。

    2. 答案要点:病因有两种,一种是原发性的,另一种是继发性的。

    3. 答案要点:脑垂体在人的眼睛后方,鼻腔的上端。它可以分泌生长素。

    4. 答案要点:生长素分泌过量会导致巨人症。

    5. 答案要点:手术治疗,激素治疗。(参考上文第一题的表格)

相关医学知识回顾

根据下面的图片提示,并结合学过的有关内分泌系统的医学知识,完成填空练习。

甲状腺　　甲状旁腺　　肾上腺　　垂体　　松果体　　胰岛　　胸腺　　性腺

颅底垂体窝　　椭圆形　　灰红　　生长激素　　促进生长发育　　侏儒症

巨人症　　肢端肥大症

气管上端两侧　　蝴蝶形　　甲状腺激素　　调节肌体代谢　　甲减　　甲亢

两侧肾脏的上方　　左肾上腺为半月形,右肾上腺为三角形　　肾上腺皮质

肾上腺髓质　　盐皮质激素　　糖皮质激素　　性激素　　肾上腺素

胰　　胰岛素　　调节糖、脂肪和蛋白质的代谢　　糖尿病

中脑前丘和丘脑之间　　豆状　　红褐色　　生物胶　　肽类物质

神经　　生殖

睾丸　　卵巢　　男性激素睾丸酮　　促进性腺及其附属结构的发育以及副性征

的出现　　孕激素　　雌激素　　刺激出现女性副性征和子宫发育

第三单元

青春期——生殖系统的快速发育期

第五课　少男少女

阅读一　女孩儿,请你挺起胸

一、根据课文内容,判断正误

1. ×　　2. ×　　3. √　　4. √　　5. ×

二、根据课文内容,选择正确答案

1. C　　2. B　　3. A　　4. D　　5. B

三、根据课文内容填空

1. 发育　　突出　　出现　　沉着　　膨胀　　乳房发育　　健美

2. 小背心　　胸罩　　乳房　　均匀　　震动

阅读二　男孩儿的"尿床"经历

一、根据课文内容，判断正误

1. √　　　2. ×　　　3. √　　　4. ×　　　5. √

二、根据课文内容，选择正确答案

1. B　　　2. D　　　3. B　　　4. B　　　5. A

三、为下列词语选择正确的解释

1. D　　　2. C　　　3. E　　　4. A　　　5. B

综合练习

一、根据本课两篇课文的内容，完成下表

女孩儿胸部发育过程和变化		男孩儿性生理成熟与发育	
10~11 岁	开始发育,乳房开始突出	雄性激素	体内雄性激素水平提高
12 岁	乳头突出,乳晕出现	阴茎	体积增大
12~13 岁	乳头色素沉着,乳房迅速膨胀,有轻微的胀痛	睾丸	体积增大

二、根据本课两篇课文的内容，回答下面的问题

1. 答案要点:使胸部失去自然美,影响胸腺发育,肺活量、肺容量和呼气流速低。

2. 答案要点:穿上小背心,或戴上胸罩,使乳腺负担均匀,运动时使乳房免受震动。

3. 答案要点:青春期的男性生理发育成熟,体内雄性激素水平提高,不断产生精液,当精液量超过附睾和精囊的储存限度时,就会"精满自溢"。

4. 答案要点:精神疲惫、耳鸣头晕、失眠多梦、记忆力减退。

5. 答案要点:排除杂念;注意饮食起居,少穿紧身裤,少吃辛辣食品,多参加运动;注意个人卫生。

第六课　你的,我的青春期

阅读一　青春的烦恼

一、根据课文内容，判断正误

1. ×　　　2. √　　　3. ×　　　4. √　　　5. √

二、根据课文内容填表

	要　点	举例说明
"青春期综合征"的表现	苛求体貌	对自己的容貌、衣着等相当敏感
	对异性敏感	对异性的言行举止很敏感
	情感危机	情绪波动大,自控能力弱
	心灵空虚	觉得生活无聊、孤单寂寞
"青春期综合征"的预防	正确认识并接纳自己	自我认识与实际情况的差距会影响社会适应能力和心理健康
	提高承受挫折的能力	进行挫折锻炼
	克服消极情绪	培养正确的思维方法,纠正自我评价的偏差
	扩大人际交往范围	打球、下棋、游泳、打牌、健身

三、为下列词语选择正确的解释

1. C　　　2. E　　　3. B　　　4. D　　　5. A

阅读二　青春期饮食

一、根据课文内容,判断正误

1. ×　　　2. ×　　　3. √　　　4. ×　　　5. √

二、根据课文内容,选择正确答案

1. C　　　2. A　　　3. C　　　4. B　　　5. C

三、根据课文内容填空

1. 讲求多样化　　充足　　全面　　均衡　　身体发育
2. 蔬菜和水果　　身体发育　　抵抗力　　新陈代谢　　各种营养
3. 糖类　　维生素　　无机盐　　蛋白质　　脂肪

综合练习

一、根据本课两篇课文的内容,回答下面的问题

1. 答案要点:苛求体貌;对异性敏感;情感危机;心灵空虚。
2. 答案要点:正确认识自己并接纳自己;逐步提高承受挫折的能力;努力克服消极情绪;有意识地扩大人际交往范围。
3. 答案要点:蛋白质;碳水化合物;矿物质;维生素。
4. 答案要点:讲求多样化,提供充足、全面、均衡的营养,满足身体发育所需。

5.答案要点:暴饮暴食、偏食挑食、喜好零食和盲目节食等。

相关医学知识回顾

根据课文内容和你学过的有关生殖系统的医学知识,在横线上写出青春期男女的性发育情况。

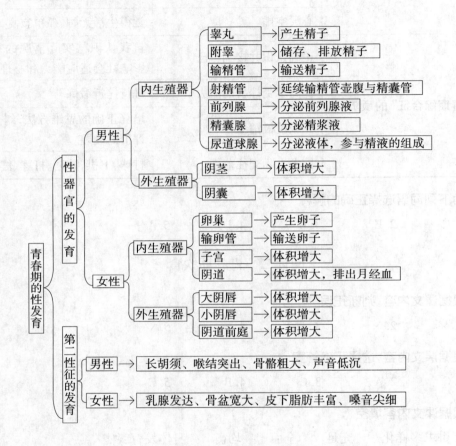

第四单元

感觉出了问题
——感觉器官疾病

第七课　心灵窗口的痛

阅读一　小沙眼，大隐患

一、根据课文内容，判断正误

1. √　　2. ×　　3. ×　　4. ×　　5. ×

二、根据课文内容，选择正确答案

1. A　　2. C　　3. D　　4. D　　5. A

三、根据课文内容排列顺序

A　E　B　D　F　C

阅读二　键盘杀手

一、根据课文内容，判断正误

1. √　　2. ×　　3. ×　　4. ×　　5. ×

二、根据课文内容，选择正确答案

1. A　　2. B　　3. B　　4. D　　5. C

三、为下列词语选择正确的解释

1. D　　2. C　　3. B　　4. E　　5. A

综合练习

一、根据本课两篇课文的内容，完成下表

	沙　眼	红眼病
医学名称	衣原体感染引起的结膜、角膜的传染性疾病	传染性结膜炎
传染途径	接触传染，如共用盥洗池、共用毛巾等	接触传染，包括直接接触或接触患者用过的物品

续表

发病症状	眼睑红肿,结膜高度充血,眼内有异物感,畏光、流泪,而且眼睛会大量分泌黏液或黏液性物质	结膜充血,导致双眼通红,流泪,眼内有异物感和灼热感,眼部分泌物增多,睁眼困难等
防治措施	重视个人卫生,不共用盥洗池、毛巾,不用手揉眼睛	主动自我隔离,单独使用水杯、脸盆、毛巾、手帕等,并且每天清洗消毒;用生理盐水冲洗眼睛;饮食清淡

二、根据本课两篇课文的内容,回答下面的问题

1. 答案要点:应该及时到医院眼科就诊,治疗时间越早越好。

2. 答案要点:结膜充血,流泪,眼内有异物感和灼热感,眼分泌物增多,睁眼困难。

3. 答案要点:两种。急性沙眼发病数周后进入慢性期。

4. 答案要点:为了去除眼部分泌物。

5. 答案要点:注意个人卫生,不共用脸盆、毛巾等物品,养成不揉眼睛的好习惯。

第八课　都是什么惹的祸

阅读一　皮肤过敏,谁之过

一、根据课文内容,判断正误

1. √　　2. ×　　3. ×　　4. ×　　5. √

二、根据课文内容,选择正确答案

1. A　　2. C　　3. B　　4. B　　5. D

三、为下列词语选择正确的解释

1. D　　2. C　　3. E　　4. A　　5. B

阅读二　过敏性鼻炎不可怕

一、根据课文内容,判断正误

1. √　　2. √　　3. ×　　4. ×　　5. ×

二、根据课文内容,选择正确答案

1. C　　2. B　　3. D　　4. D　　5. D

三、为下列词语选择正确的解释

1. E　　2. D　　3. C　　4. B　　5. A

综合练习

一、根据本课两篇课文的内容,完成下表

	皮肤过敏	过敏性鼻炎
过敏原因	过敏者的身体将一些物质误认为是有害的东西,从而产生排异反应	鼻黏膜自净能力下降,空气中的花粉、灰尘、细菌等滞留在鼻前庭,从而引发炎症
发病症状	皮肤红肿、发痒、脱皮	鼻塞、鼻痒、打喷嚏、流清涕、头脑昏蒙、嗅觉下降等
过敏原	尘螨、二手烟、霉菌、宠物毛屑、花粉等	花粉、尘埃、尘螨、真菌、动物皮毛、羽毛、棉花絮等;某些食物;某些药品;还有一些接触性过敏原
预防措施	杜绝居家环境中的过敏原,锻炼身体,劳逸结合,保证人体免疫系统平衡	注意保暖、多喝水;适当减少室外活动,防止感冒,注意室内通风

二、根据本课两篇课文的内容,回答下面的问题

1. 答案要点:过敏者的身体将一些物质误认为是有害的东西,从而产生排异反应。

2. 答案要点:变应性鼻炎。

3. 答案要点:病人认为皮肤过敏不是大毛病,自行买药治疗。

4. 答案要点:药物治疗、脱敏治疗、手术治疗,用生理盐水洗鼻。

5. 答案要点:保持居家环境卫生,不吸烟,远离宠物等。

相关医学知识回顾

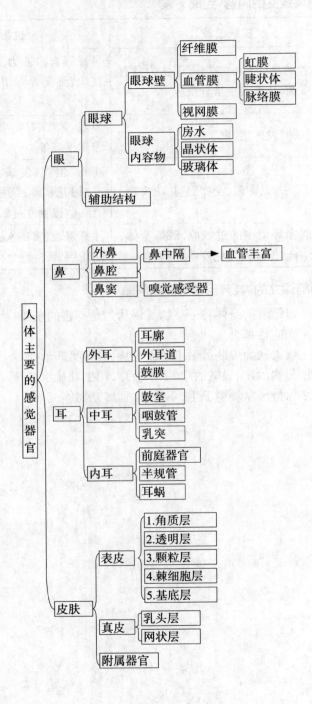

第五单元

不能没有你
——人体免疫系统

第九课　疫苗与你一生相随

阅读一　疫苗,为孩子的健康护航

一、根据课文内容,判断正误

　　1. ×　　　2. ×　　　3. ×　　　4. ×　　　5. ×

二、根据课文内容,选择正确答案

　　1. D　　　2. A　　　3. B　　　4. C　　　5. C

三、根据课文内容排列顺序

　　D　A　F　B　C　E

阅读二　流感病毒的狙击手

一、根据课文内容,判断正误

　　1. ×　　　2. √　　　3. ×　　　4. ×　　　5. √

二、根据课文内容,选择正确答案

　　1. C　　　2. D　　　3. A　　　4. C　　　5. B

三、为下列词语选择正确的解释

　　1. C　　　2. E　　　3. A　　　4. B　　　5. D

综合练习

一、根据本课两篇课文的内容,完成下表

	预防接种疫苗	流感疫苗
性质	强制接种,免费接种,具有公益性质	自愿接种
目的	保护个体免受传染病的侵袭,在群体中形成免疫保护屏障	降低流感发生率、住院率及死亡率

续表

作用	限制病原微生物的传播,有效预防、控制传染病	诱导人体免疫系统产生对流感的免疫抗体,从而在身体受侵袭时杀灭流感病毒
接种人群	适龄儿童	老年人及慢性病患者,体弱者

二、根据本课两篇课文的内容,回答下面的问题

1. 答案要点:一出生就接种。

2. 答案要点:疫苗接种后较严重的异常反应非常少,发生率很低。

3. 答案要点:疫苗本身含有的菌体蛋白、内毒素、其他毒性物质及附加物等会造成不良反应,其对肌体只有一过性生理功能障碍。

4. 答案要点:病毒性流感会造成高危人群死亡,给家人带来巨大的痛苦;历史上有过这样的惨烈教训。

5. 答案要点:可以显著降低老年人的流感发生率以及因流感所致的住院率及死亡率。

第十课　抗生素的自白

阅读一　抗生素排行榜

一、根据课文内容,判断正误

1. ×　　2. √　　3. ×　　4. √　　5. ×

二、根据课文内容,选择正确答案

1. C　　2. C　　3. D　　4. B　　5. B

三、根据课文内容排列顺序

C G A F D B E

阅读二　抗生素之殇

一、根据课文内容,判断正误

1. √　　2. ×　　3. ×　　4. ×　　5. ×

二、根据课文内容,选择正确答案

1. C　　2. B　　3. B　　4. C　　5. C

三、根据课文内容填空

耐药性　　自然选择　　普通细菌　　"超级细菌"　　越来越大　　越来越多　　滥用抗生素

综合练习

一、根据本课两篇课文的内容,完成下表

	抗生素种类	具体药品名称	具有的特点
抗生素排行榜	头孢类	头孢拉定、头孢克洛、头孢呋辛酯、头孢克肟	第一代对阳性菌感染有效,不良反应较轻,发生率较低,使用比较安全,价格相对便宜;第二代对阴性菌有效,抗菌范围更广
	大环内酯类	阿奇霉素、红霉素、克拉霉素	对革兰阳性球菌、革兰阴性杆菌均有抗菌活性,阿奇霉素还对支原体有抑制作用,特别适用于嗜肺军团菌和肺炎支原体等非典型性病原体引起的肺炎
	喹诺酮类	莫西沙星、左氧氟沙星	对几大类细菌都有较强的抗菌作用,口服吸收好、组织穿透力强、肺组织浓度高、耐药性低、过敏反应少见、半衰期长
	阿莫西林	阿莫西林	服用方便,疗效好,不良反应少,价格便宜
滥用抗生素的后果	使用抗生素是对细菌进行了一次自然选择,在绝大多数普通细菌被杀死后,原先并不占数量优势的、具有耐药性的"超级细菌"存留下来大量繁衍,并占据主导地位,使得抗生素使用剂量越来越大,失效的抗生素也越来越多,滥用的结果就是助推了"超级细菌"的肆虐。		

二、根据本课两篇课文的内容,回答下面的问题

1. 答案要点:头孢类抗生素、大环内酯类抗生素、喹诺酮类抗生素和阿莫西林。

2. 答案要点:①头孢类抗生素:适用于流感嗜血杆菌、肺炎链球菌、甲型链球菌及奈瑟氏菌所引起的各种感染性炎症。②大环内酯类抗生素:革兰阳性球菌、革兰阴性杆菌、支原体。③喹诺酮类抗生素:革兰阳性菌、革兰阴性菌、厌氧菌、抗酸菌和非典型微生物如支原体、衣原体和军团菌。

3. 答案要点:把抗生素当"万能药"随意使用,盲目使用用高档抗生素,合用抗生素,能静脉滴注就不口服。

4. 答案要点:细菌在接触抗菌药物之前,就已存在具有耐药性的突变株。而抗生素的使用,对细菌进行了一次自然选择,在绝大多数普通细菌被杀死后,原先并不占数量优势的、具有耐药性的"超级细菌"存留下来大量繁衍,并占据主导地位,使得抗生素使用剂量越来越大,失效的抗生素也越来越多。

5. 答案要点:珍惜临床中有效的抗菌药物,该用的时候再用,该用多少就用多少。

相关医学知识回顾

根据课文内容和所学过的医学知识,完整填写下面关于人体免疫系统的构造和免疫功能的表格。

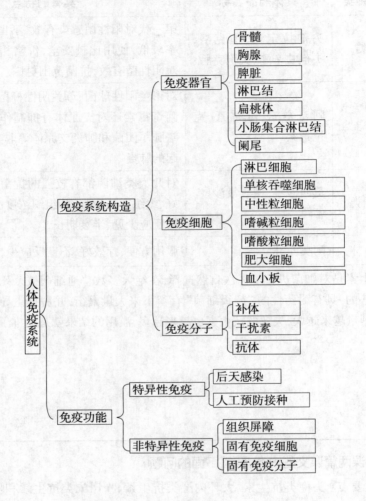

第六单元

旧的不去，新的不来
——新陈代谢机制

第十一课　吃出来的毛病

阅读一　向糖尿病说不

一、根据课文内容，判断正误

1. √　　2. ×　　3. √　　4. ×　　5. √

二、根据课文内容，选择正确答案

1. D　　2. C　　3. B　　4. B　　5. D

三、根据课文内容填空

葡萄糖　　胃肠道　　合成　　分解　　肌肉中的糖原（肌糖原）　　能量　　糖原
脂肪　　其他糖类物质　　激素调节　　神经调节　　血糖

阅读二　防胜于治的痛风

一、根据课文内容，判断正误

1. √　　2. ×　　3. ×　　4. ×　　5. √

二、根据课文内容，选择正确答案

1. C　　2. D　　3. C　　4. B　　5. D

三、根据课文内容排列顺序

C　A　B　D　F　E

综合练习

一、根据本课两篇课文的内容，完成下表

	糖尿病	痛　风
病因	血液中的葡萄糖堆积过多	人体内嘌呤物质的新陈代谢发生紊乱，血尿酸浓度增高，尿酸以尿酸盐的形式在体内沉积，引起组织异物炎性反应

续表

危害	使全身各个组织器官发生病变,导致急慢性并发症的发生	病人突发剧烈疼痛,生活质量大大降低
疗法	饮食治疗、运动疗法和药物治疗的综合疗法	主要是用一些非抗生素类的抗炎镇痛药物,再用一些调节尿酸代谢的药物,帮助体内的尿酸代谢恢复平衡
饮食注意事项	规律进食,定时定量,增加鱼类、谷物和高纤维食物的摄入,防止热量摄入过高、脂肪比例过高、膳食纤维比例过低	多吃含嘌呤低的碱性食物,少食肉、鱼等酸性食物,避免或禁食动物内脏、虾蟹、蛤类等;多饮水;戒酒

二、根据本课两篇课文的内容,回答下面的问题

1. 答案要点:受胰岛素作用的靶器官对胰岛素作用的敏感性降低。

2. 答案要点:血糖过高会破坏人体内的生理环境,引起一系列病理变化,使全身各个组织器官发生病变,导致急慢性并发症的发生。并发症是导致糖尿病患者死亡的主要因素。

3. 答案要点:吃海鲜和动物内脏等高嘌呤的食物,同时又大量饮酒。

4. 答案要点:人体细胞内蛋白质分解代谢产生的核酸和其他嘌呤类化合物,经一些酶的作用而生成的内源性尿酸。食物中所含的嘌呤类化合物被人体消化吸收后,经一些酶的作用而生成的外源性尿酸。

5. 答案要点:增加鱼类、谷物、高纤维食物的摄入,防止热量和脂肪摄入过高而膳食纤维摄入过低,同时,适量摄入微量元素硒,都能促进糖分代谢、降低血糖和尿糖,改善糖尿病患者的症状。

如果摄入过多嘌呤含量高的食物,在新陈代谢过程中,就会有部分嘌呤没能被进一步代谢成为可以从肾脏中经尿液排出的排泄物,最终导致血尿酸浓度升高,形成高尿酸血症,诱发痛风。

第十二课 一个不能多,一个不能少

阅读一 "甜蜜"的负担

一、根据课文内容,判断正误

1. √　　2. √　　3. ×　　4. ×　　5. ×

二、根据课文内容,选择正确答案

1. B　　2. C　　3. B　　4. B　　5. D

三、为下列词语选择正确的解释

1. E　　2. C　　3. A　　4. B　　5. F　　6. D

阅读二　将补钙进行到底

一、根据课文内容,判断正误

1. ×　　2. √　　3. ×　　4. √　　5. √

二、根据课文内容,选择正确答案

1. D　　2. A　　3. D　　4. C　　5. A

三、根据课文内容填空

钙的吸收
- 途径一:钙离子首先被肠道内一侧的上皮细胞吞入,形成一个小泡,然后再缓慢扩散至细胞膜的另一侧,通过钙泵主动转运至血液循环。
- 途径二:维生素 D 促使钙离子通过与肠黏膜细胞膜上的钙结合蛋白相结合后进入细胞,再通过钙泵的作用,将钙离子从细胞内排入血液。
- 关键物质:维生素 D

钙的排泄
- 排泄途径:肾脏、消化道、乳汁、汗液
- 肾小球的滤过:血液中的游离钙在循环到肾脏时有一部分从肾小球滤出,血浆中钙离子浓度增加时,肾小球对钙的滤过增加,血钙浓度的增加与肾小球滤过成正相关的关系。
- 肾小管的重新吸收:根据肌体钙平衡的需要,肾小球滤出的钙大部分再经肾小管重新吸收而回到血液中。

综合练习

一、根据本课两篇课文的内容,完成下表

	肥胖症	缺　钙
病　因	体内脂肪积聚过多	体内钙元素不足
危　害	肥胖可引起多种疾病,比如三高、心血管疾病、代谢性疾病等,使人的寿命明显缩短	从骨骼形成、肌肉收缩、心脏跳动、神经以及大脑的思维活动,直至人体的生长发育等都会受到影响,比如婴幼儿骨骼发育畸形、囟门闭合迟、出牙慢、会站会走时间晚、鸡胸、驼背、罗圈腿
疗　法	合理的药物治疗、科学的饮食安排和锻炼计划	合理饮食,获取钙源,补充维生素 D,多晒太阳
饮食注意事项	控制饮食,避免高糖、高脂肪及高热量饮食	多吃含钙多的食物,同时补充维生素 D

二、根据本课两篇课文的内容,回答下面的问题

1. 答案要点：多余的热量以肝糖原、肌糖原和脂肪的形式储存在体内。

2. 答案要点：三类:心脑血管疾病、代谢性疾病、其他疾病。

3. 答案要点：钙是人体不可或缺的营养素之一,如果没有钙,根本就不会有生命的产生。钙参与人体整个生命过程。从骨骼形成、肌肉收缩、心脏跳动、神经以及大脑的思维活动,直至人体的生长发育等等,可以说生命的一切活动都离不开钙。人们只有每天摄入足量的钙,才能维持正常的新陈代谢,增强人体对生活环境的适应力。

4. 答案要点:婴幼儿一旦缺钙,就可能引起全身钙磷代谢异常,导致骨骼发育畸形,出现囟门闭合迟、出牙慢、会站会走时间晚等现象,有时甚至出现鸡胸、驼背、罗圈腿等,影响孩子的一生。

5. 答案要点:坚持母乳喂养,可以从母乳中获取充足的钙源。

相关医学知识回顾

根据课文内容和所学过的医学知识,完整填写有关人体所需的六大营养素和新陈代谢方面的医学知识表格。

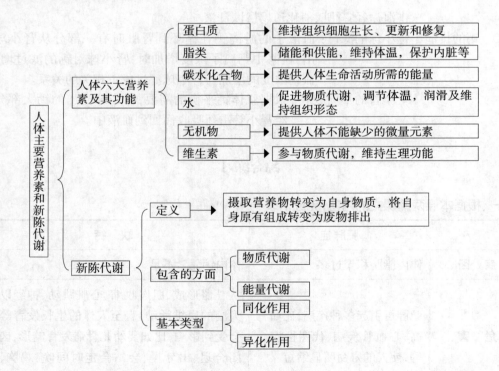

第七单元

最熟悉的最陌生
——常见症状和常用药

第十三课　似懂非懂的常见症状

阅读一　声东击西的疼痛

一、根据课文内容,判断正误

1. × 　　2. √ 　　3. × 　　4. × 　　5. √

二、根据课文内容,选择正确答案

1. C 　　2. A 　　3. B 　　4. D 　　5. D

三、根据课文内容填空

一种症状　　病变部位　　"易位"　　误诊　　全面考虑　　鉴别诊断
假象　　头痛医头,脚痛医脚

阅读二　又冷又热的发烧

一、根据课文内容,判断正误

1. × 　　2. √ 　　3. × 　　4. × 　　5. ×

二、根据课文内容,选择正确答案

1. C 　　2. B 　　3. C 　　4. B 　　5. D

三、根据课文内容排列顺序

B　A　D　C　E　F

综合练习

一、根据本课两篇课文的内容,完成下表

内脏器官的牵涉痛		小儿发烧	
病因	作用于内脏的伤害性刺激,除在原刺激或伤害部位被感知外,有时也可在远离病变器官的其他部位被感知	病因	孩子发烧大多是因为受到感染造成的
类别	腹部脏器病变引起其他部位的牵涉痛 / 腹外疾病疼痛放射至腹部	病程	首先是发冷,然后是发热,最后是出汗

续表

实例	胆囊炎、胆石症引起的胆绞痛可放射至右侧肩背部	心绞痛、心肌梗死和急性心包炎患者,表现为上腹部疼痛、恶心等消化道症状	处理方法	及时给孩子补充水分
	胰腺炎的疼痛常放射到左侧腰背部	胸膜炎引起的疼痛沿肋间神经放射至腹壁		用37℃左右的温水毛巾擦拭孩子的四肢和前胸后背,也可以冰敷孩子的额头
	肠疾病的疼痛向脐周放射	脊神经根炎的疼痛沿肋间神经放射至腹部		给孩子服用退烧药,或带孩子到医院就医治疗

二、根据本课两篇课文的内容,回答下面的问题

1. 答案要点:疼痛和发热。

2. 答案要点:作用于内脏的伤害性刺激,除在原刺激或伤害部位被感知外,有时也可在远离病变器官的其他部位被感知,因此常常导致误诊而耽误治疗。

3. 答案要点:它是肌体的保护性反应,能引起肌体释放内源性致热源,激活 T 淋巴细胞,从而增强肌体的抵抗力。

4. 答案要点:及时给孩子补充水分;用37℃左右的温水毛巾擦拭孩子的四肢和前胸后背;冰敷额头;遵医嘱、按剂量给孩子服用退烧药。

5. 答案要点:全面考虑,仔细做好鉴别诊断,查找病因,不要被某些假象迷惑。

第十四课　糊里糊涂的常用药

阅读一　非处方药,没那么简单

一、根据课文内容,判断正误

1. ×　　　2. √　　　3. ×　　　4. √　　　5. ×

二、根据课文内容,选择正确答案

1. D　　　2. C　　　3. D　　　4. B　　　5. D

三、为下列词语选择正确的解释

1. C　　　2. E　　　3. A　　　4. B　　　5. D

阅读二　降压药,难说再见

一、根据课文内容,判断正误

1. √　　　2. ×　　　3. ×　　　4. √　　　5. ×

二、根据课文内容,选择正确答案

　　1. A　　　2. C　　　3. D　　　4. B　　　5. C

三、根据课文,将降压药的种类和代表性药品以及英文字母连线

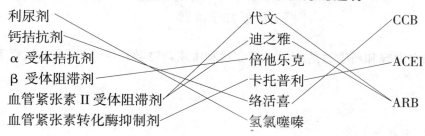

综合练习

一、根据本课两篇课文的内容,完成下表

非处方药		降压药		
英文标识	OTC	种类	代表药品	副作用
定义	经国家卫生行政部门规定或审定后,不需要医师或其他医疗专业人员开写处方即可购买的药品	利尿剂	氢氯噻嗪 速尿	血钾过低,尿酸升高
治疗病症	多发病和常见病,如感冒、咳嗽、消化不良、头痛、发热等	β 受体阻滞剂	倍他乐克	影响糖脂代谢,增加糖尿病发病风险
特点	药效比较确定,使用相对安全,不良反应发生率较低	血管紧张素转化酶抑制剂	卡托普利	引起咳嗽、血管性水肿
储存方法	按照药物的理化性质,采取避光、防湿、低温、密闭等相应措施	血管紧张素 II 受体阻滞剂	迪之雅 代文	文中未提及
注意事项	防止误服;掌握规律,不得超量;因人而异;尽量避免长期服药或联合用药;对过敏等特殊体质的病人科学使用非处方药	钙拮抗剂	络活喜	引起头痛、水肿、面色潮红
		α 受体拮抗剂	文中未提及	文中未提及

二、根据本课两篇课文的内容,回答下面的问题

　　1. 答案要点:"是药三分毒",非处方药也有一定的毒副作用。

　　2. 答案要点:防止误服;掌握规律,不得超量;因人而异;尽量避免长期服药或联合用药;对过敏等特殊体质的病人多加关照,科学使用非处方药。

3. 答案要点：平时学习紧张，压力过大，缺乏锻炼，遗传因素。

4. 答案要点：不同种类降压药的侧重点不同。

5. 答案要点：不同病情选择不同降压药。降压药要长期服用，不能停用。

相关医学知识回顾

根据课文内容和所学过的有关常见症状和常用药物的医学知识，完整填写下面的表格。

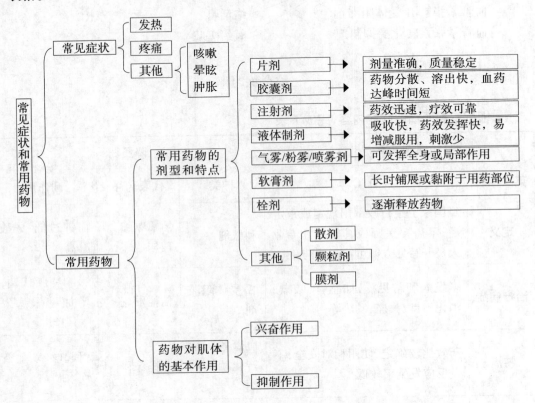

第八单元

掀起你的盖头来
——走近神秘的传染病

第十五课　谁动了我的幸福(一)

阅读一　当幸福遭遇乙肝

一、根据课文内容,判断正误

1. × 　　　2. √ 　　　3. × 　　　4. √ 　　　5. ×

二、根据课文内容,选择正确答案

1. D 　　　2. A 　　　3. C 　　　4. C 　　　5. D

三、根据课文内容填空

1. 乙型肝炎病毒　　　炎性病变
2. 血液传播　　　性接触传播　　　母婴传播　　　医源性传播
3. 乏力　　　食欲减退　　　恶心　　　呕吐　　　厌油　　　腹泻　　　腹胀
　　发热　　　黄疸

阅读二　乙肝防治宣传大使——刘德华

一、根据课文内容,判断正误

1. √ 　　　2. × 　　　3. × 　　　4. √ 　　　5. ×

二、根据课文内容,选择正确答案

1. C 　　　2. A 　　　3. D 　　　4. B 　　　5. C

三、根据课文内容排列顺序

E　C　A　B　F　D

综合练习

一、根据本课两篇课文的内容,完成下表

<table>
<tr><td rowspan="6">乙肝</td><td>定　义</td><td>由乙型肝炎病毒(HBV)引起的、以肝脏炎性病变为主,并可引起多器官损害的一种传染病</td></tr>
<tr><td>临床表现</td><td>乏力、食欲减退、恶心、呕吐、厌油、腹泻及腹胀,部分病例有发热、黄疸</td></tr>
<tr><td>发病特点</td><td>起病缓慢,约有半数患者开始时没有明显的症状</td></tr>
<tr><td>传播途径</td><td>血液传播、性接触传播、母婴传播和医源性传播</td></tr>
<tr><td>预防措施</td><td>接种乙肝疫苗</td></tr>
<tr><td>治疗方法</td><td>药物治疗包括以干扰素类为主的免疫调节剂和针对HBV DNA聚合酶的核苷(酸)类似物两大类</td></tr>
</table>

二、根据本课两篇课文的内容,回答下面的问题

1. 答案要点:1992年的一项调查结果显示,我国慢性乙型肝炎病毒感染者约1.2亿,其中慢性乙型肝炎患者约3000万例,每年死于肝硬化和肝癌等乙型肝炎相关疾病人数达30余万例,且无法治愈。

2. 答案要点:接种乙肝疫苗,并打乙肝加强针。

3. 答案要点:抗病毒治疗。目前基本上无法治愈。

4. 答案要点:加大了人们对乙肝以及乙肝治疗的了解和认识,提高了乙肝患者的社会接受度,教育宣传效果很好。

5. 答案要点:保持积极的心态,配合医生治疗,注意饮食,树立正确治疗观,坚持长期抗病毒治疗。

第十六课　谁动了我的幸福(二)

阅读一　短命的结核病新娘

一、根据课文内容,判断正误

1. ✓　　2. ×　　3. ×　　4. ✓　　5. ×

二、根据课文内容,选择正确答案

1. D　　2. B　　3. B　　4. B　　5. D

三、根据课文内容填空

早期　　适量　　联合　　规律　　全程　　6个月　　异烟肼　　利福平

吡嗪酰胺　　乙胺丁醇　　中断服药　　间断服药　　耐药性结核病

阅读二 十年

一、根据课文内容,判断正误

1. ×　　2. √　　3. ×　　4. ×　　5. √

二、根据课文内容,选择正确答案

1. D　　2. B　　3. C　　4. D　　5. C

三、为下列词语选择正确的解释

1. D　　2. C　　3. E　　4. B　　5. A

综合练习

一、根据本课两篇课文的内容,完成下表

	定　义	由结核杆菌感染引起的肺部的慢性传染病
结核病	临床表现	咳嗽不止,胸背疼痛,夜间盗汗,体力严重下降
(肺结核)	传播途径	主要通过呼吸道传播和传染,还可以通过消化道传染
	治疗方法	异烟肼、利福平、毗嗪酰胺和乙胺丁醇四药联用,强化治疗
	如何预防耐药性结核病	制订合理的治疗方案,给予充足的治疗时间,坚持全程按时服药

二、根据本课两篇课文的内容,回答下面的问题

1. 答案要点:痰液中有结核菌的肺结核病人所患的结核。

2. 答案要点:病人隔离,注意传染源的处理。

3. 答案要点:耐药性结核病是指结核病人体内的结核杆菌对一种或几种抗结核药物产生了耐药性,患者再用这些药物治疗时没有效果或者效果甚微;可用的抗结核药物很少。

4. 答案要点:耐药性结核病产生的原因是治疗方案不合理或治疗时间不充分。这种病的治愈率很低,病人对治疗前途很迷茫。

5. 答案要点:国家免费提供4种抗结核药。

相关医学知识回顾

根据课文内容和所学过的有关传染病的医学知识,填写下面的表格。

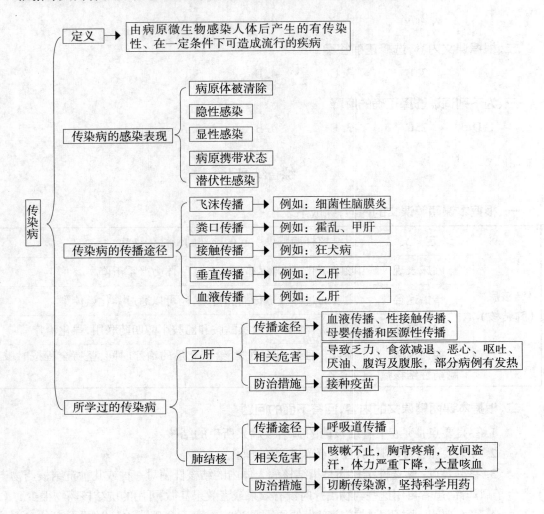

第九单元

为健康护航——口腔保健与临床护理

第十七课　口腔问题莫小觑

阅读一　牙龈出血非小事

一、根据课文内容,判断正误

1. √　　　2. ×　　　3. ×　　　4. √　　　5. ×

二、根据课文内容,选择正确答案

1. D　　　2. B　　　3. C　　　4. D　　　5. A

三、根据课文内容填空

牙龈出血的局部原因
- 1. 牙龈炎
- 2. 牙周炎
- 3. 镶牙不及时,假牙不合适
- 4. 龋齿损坏牙冠,残冠刺割牙龈
- 5. 骨头、牙签刺入牙龈

牙龈出血的全身原因
- 1. 坏血病
- 2. 肝硬化
- 3. 脾机能亢进
- 4. 肾炎后期
- 5. 某些热性疾病
- 6. 消耗性或营养代谢性疾病
  - 1. 慢性肝炎
  - 2. 肺结核
- 7. 血液系统疾病
  - 1. 白血症
  - 2. 血友病
  - 3. 血小板减少性紫癜
  - 4. 再生障碍性贫血

阅读二　读懂口腔问题的信号

一、根据课文内容,判断正误

1. ×　　　2. ×　　　3. ×　　　4. √　　　5. ×

二、根据课文内容,选择正确答案

　　1. A　　　2. C　　　3. D　　　4. C　　　5. C

三、根据课文内容填空

　　牙龈萎缩　　　口臭　　　慢性氟中毒　　　牙痛　　　龋齿　　　牙龈肿痛　　　生活质量
　　口腔健康　　　自我口腔保健　　　口腔保健　　　每年的 9 月 20 日　　　防治知识

综合练习

一、根据本课两篇课文的内容,完成下表

	牙龈出血	牙龈萎缩	口臭	氟斑牙
病　　因	局部性原因和全身性原因,如牙结石等	分为机械性和病理性两种	分为局部性和全身性两种	慢性氟中毒
危　　害	影响生活质量,不及时医治会隐藏全身疾病	妨碍进食,降低生活质量	交际障碍,自卑	牙齿发黄,容易折断脱落
治疗方法	洗牙、及时镶牙、拔除坏牙;补充营养元素、药物治疗、手术治疗	加强口腔卫生,改正刷牙方法,严重的要进行手术治疗	保持口腔卫生,专科医生诊治,戒烟	4.5% 盐酸脱色法
预防措施	养成良好的口腔习惯,拔除残冠,及时镶牙,用保健牙刷,用正确方法刷牙	改正刷牙方法,选用保健牙刷,养成良好的口腔卫生习惯,早晚刷牙,饭后漱口	戒烟,保持口腔卫生	不饮高氟水,不吃高氟食物

二、根据本课两篇课文的内容,回答下面的问题

　　1. 答案要点:清洁牙齿,去除牙垢牙石。

　　2. 答案要点:预防疾病的发生比得病后治疗更重要。

　　3. 答案要点:不能。有的口臭是由全身性原因造成的,需专科治疗。

　　4. 答案要点:香烟中的尼古丁会直接破坏牙周组织,导致口臭。

　　5. 答案要点:定期洗牙,早晚刷牙,饭后漱口,使用保健牙刷等。

第十八课　"流出去的"和"流进来的"

阅读一　献的不是血,是勇气

一、根据课文内容,判断正误

　　1. √　　　2. √　　　3. ×　　　4. ×　　　5. ×

二、根据课文内容,选择正确答案

    1. C   2. C   3. D   4. A   5. D

三、为下列词语选择正确的解释

    1. D   2. A   3. E   4. B   5. C

阅读二　给我一个打针的理由

一、根据课文内容,判断正误

    1. √   2. ×   3. √   4. √   5. ×

二、根据课文内容,选择正确答案

    1. B   2. C   3. D   4. B   5. C

三、为下列词语选择正确的解释

    1. D   2. C   3. E   4. A   5. B

综合练习

一、根据本课两篇课文的内容,完成下表

	静脉穿刺	皮内注射	肌内注射
注射部位	胳膊肘部静脉处	前臂掌侧下段	臀大肌
操作过程	扎止血带,碘酊消毒、酒精脱碘,绷紧穿刺部位的皮肤,针头斜面向上呈30°角,将针头迅速刺入静脉旁上方的皮肤后再穿刺血管,进针1厘米,固定好针头	用酒精对药瓶瓶塞消毒,针头吸入药液,对注射部位消毒,驱出注射器内的气体,绷紧注射部位的皮肤,针头和皮肤呈5度角刺入皮内,放平注射器,左手拇指固定针栓,注入药液,注射完毕后拔出针头	用定位法找到注射区域,局部消毒,用左手绷紧注射部位的皮肤,右手持针,针头与注射部位呈90度刺入肌肉内,刺入的深度为针梗的2/3,注射完毕后,用棉签轻压进针处,快速拔出针
注意事项	保持手臂清洁;止血带松紧要合适;静脉较浅者,入针角度要呈10~20°角,而静脉较深、皮肤较厚者,要适当放大角度;避免反复穿刺	现场配置药液,不要按压进针处	没有回血,才可以推注药液

二、根据本课两篇课文的内容,回答下面的问题

1. 答案要点:静脉穿刺比较疼,注意事项也比较多。

2. 答案要点:物理检查,病史查问,化学检查,消毒,静脉穿刺,献完血以后休息 10~15 分钟。

3. 答案要点:静脉较浅者,入针角度要呈 10~20° 角,而静脉较深、皮肤较厚者,要适当放大角度。

4. 答案要点:没有伤害。献血后注意休息,补补身体。

5. 答案要点:先做青霉素过敏试验。

相关医学知识回顾

根据课文内容和所学过的有关口腔保健和注射方法的医学知识,填写下面的表格。

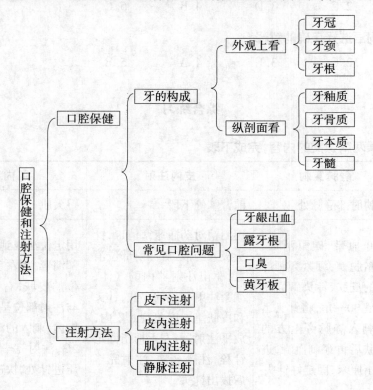

第十单元

解密健康密码——常规检查

第十九课　血密码

阅读一　血检报告单里的秘密

一、根据课文内容,判断正误

　　1. √　　　2. ×　　　3. ×　　　4. ×　　　5. √

二、根据课文内容,选择正确答案

　　1. C　　　2. D　　　3. B　　　4. C　　　5. D

三、根据课文内容填空

　　1. 液体　　有形细胞　　细胞　　红细胞　　白细胞　　血小板

　　2. 静脉血　　耳垂血　　指血　　耳垂血　　指血　　末梢血　　末梢血

　　　　静脉血　　循环畅通　　最稳定

阅读二　"熊猫血"老太

一、根据课文内容,判断正误

　　1. ×　　　2. √　　　3. ×　　　4. √　　　5. ×

二、根据课文内容,选择正确答案

　　1. C　　　2. B　　　3. C　　　4. D　　　5. D

三、用汉语解释下列句子中画线词语的意思

　　1. 不料：没想到。

　　2. 凤毛麟角：非常稀少。

　　3. 放手一搏：做最后的努力。

　　4. 杯水车薪：提供的东西非常少,不够。

　　5. 同舟共济：互相帮助,共同努力。

综合练习

一、根据本课两篇课文的内容,完成下表

	细胞成分	成分的功能	导致某成分异常的疾病	常见血型系统	输血注意事项
血常规检查	红细胞	运输气体	贫血	ABO 血型系统	AB 型是万能受血者,O 型是万能输血者;RH 阴性血输血的时候,应该是受血者和供血者的血型一样
	白细胞	抵抗微生物入侵	数量增加:急性化脓性感染、尿毒症、白血病、组织损伤、急性出血 数量减少:再生障碍性贫血、某些传染病、肝硬化、脾功能亢进、放疗化疗	血型 RH 血型系统	
	血小板	止血、凝血	计数增多:脾切除后、急性感染、溶血、骨折 计数减少:再生障碍性贫血、急性白血病、急性放射病、原发性或继发性血小板减少性紫癜、脾功能亢进、尿毒症		

二、根据本课两篇课文的内容,回答下面的问题

1. 答案要点:医生可以通过观察血液有形细胞的数量变化及形态分布,对疾病作出相应的判断。

2. 答案要点:三种(静脉血、耳血、指血)。静脉血最好,因为其检验结果最稳定。

3. 答案要点:她是稀有血型。

4. 答案要点:血库送来一些 RH 阴性血;自体血回收清洗后输回体内;输些不含有血细胞的 RH 阳性的冷沉淀。

5. 答案要点:稀有血型库的建立,稀有血型人群积极献血,同舟共济。

第二十课　尿密码和便密码

阅读一　明察虚实——常规尿检

一、根据课文内容,判断正误

1. ×　　2. ×　　3. ×　　4. √　　5. √

二、根据课文内容,选择正确答案

1. C　　2. B　　3. D　　4. D　　5. B

三、根据课文内容填空

颜色　　酸碱性　　比重　　葡萄糖　　蛋白定性　　沉渣　　肝胆　　泌尿

肾脏　　黄色　　淡黄褐色　　红细胞　　红细胞　　阴性

阅读二　察形观色——常规便检

一、根据课文内容，判断正误

1. ×　　2. √　　3. ×　　4. √　　5. ×

二、根据课文内容，选择正确答案

1. A　　2. A　　3. D　　4. C　　5. A

三、为下列词语选择正确的解释

1. B　　2. C　　3. A　　4. E　　5. D

综合练习

一、根据本课两篇课文的内容，完成下表

	尿常规	便常规
检验内容	尿的颜色，尿的酸碱性，尿的比重、葡萄糖检查及蛋白定性和镜检测定尿的沉渣计数	大便的颜色性状，是否有潜血，白细胞数量，镜检寄生虫卵、原虫、细菌等
检验手段	观察法、显微镜检查	观察法、显微镜检查、集卵法
结果判定	正常情况下，尿液呈黄色或淡黄褐色；尿蛋白指标为阴性或弱阳性；一般不会出现红细胞，或者只发现个别红细胞；尿糖量很少。如果偏离这些指标，往往预示着身体患有不同的疾病	正常情况下，大便中没有潜血；不见或偶见白细胞；为圆柱形，较软；呈黄色或棕黄色。如果偏离这些指标，往往预示着身体患有不同的疾病
检验意义	通过尿检，医生可以观察到人们的肝胆、泌尿、肾脏等各个方面的情况	医生判断消化道疾病的重要手段

二、根据本课两篇课文的内容，回答下面的问题

1. 答案要点：肝胆、泌尿、肾脏等各个方面的疾病。

2. 答案要点：消化系统方面的疾病。

3. 答案要点：憋尿会破坏红细胞的形态，尿液的PH值也随之改变。

4. 答案要点：人们认为取样方式有点儿"脏"。

5. 答案要点：尿检结果与人体是否在运动状态、取尿时间、是否在发病、是否服药等有关，便检结果与取样方式、过程等有关系。

相关医学知识回顾

根据课文内容和所学过的有关常规检查的医学知识,填写下面的表格。

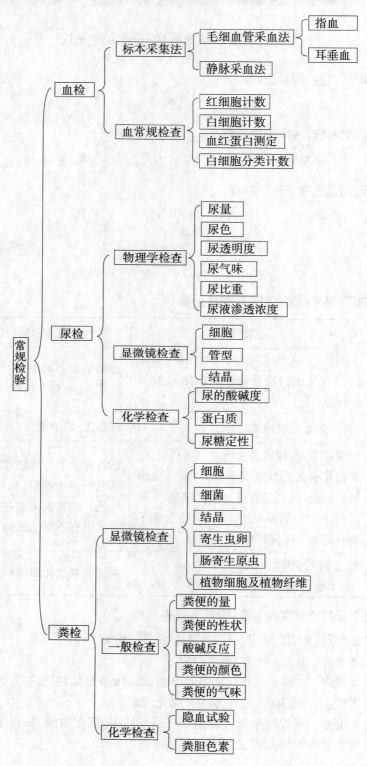